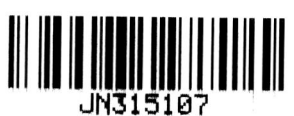

イツァーク・ギルボア

合理的選択

松井彰彦訳

みすず書房

RATIONAL CHOICE

by

Itzhak Gilboa

First published by The MIT Press, 2010

Japanese translation rights arranged with
The MIT Press through
The English Agency (Japan) Ltd.

母に、そして父の思い出に

目　次

序　文

本書の目的は、読者に合理的選択理論についての基本的な視点を紹介し、それを通じてミクロ経済学、意思決定理論、ゲーム理論、社会選択論といった数理的な理論、および哲学、心理学、社会学といった分野で発展してきた考えを理解するための糸口を探ることです。

経済理論やその関連分野は数多くの強力なモデルと一般性の高い視点を提供し、私たちの日常生活に関する考え方を変えてきました。それと同時に経済学はいくつもの点で正当な批判を受けてきました。第一に、経済学は数理科学であるにもかかわらず、他の厳密科学のような正確な数値予測を提供し損ねてきました。第二に、経済学の基本的な仮定は攻撃の的になり、実験を通じて反証されてきました。最後に、経済学は幸せ、幸福度、正義、公正といった重要で深い問題を扱い損ねているとして批判されてきました。さらに、科学的ないし似非《えせ》科学的な経済学的手法は資本主義にレトリックを提供し、幸福や正義に対し弊害をもたらすという議論もなされてきました。

本書はこれらの批判を乗り越えてきた経済学の基本的な視点に焦点を当てます。合理的選択のモデルは、十分な柔軟性があって、狭義の経済理論が説明し損ねてきた多くの現象を採りこむことができる、ということが示されてきました。これらのモデルは政治学、生物学、コンピュータ・サイエンスといった関連分野に対しても重要な洞察を与えてきました。哲学上の最も古いいくつもの問題に触れたり、数理的手法を取り入れたりしたことで、合理的選択のパラダイムは人々の行動と社会、経済、国家との関係や、個体と種の関係を理解するうえで根源的なものと考えられるようになりました。また、それは自動システムの設計と同様に、社会制度の最適設計に必要不可欠なものです。したがって、本書では特定の理論ではなく、合理的選択のパラダイム、一般的な視点、概念化、構成原理といったものを強調しています。

経済学とその科学としての成功の有無に関する議論や、経済学者が社会で果たしている役割や果たすべき役割などに関する議論を見ると、両方向にバイアスがあるようです。経済学者はほとんどの場合、レトリックや黙示の力といったものに重きを置かなさすぎます。経済学のほとんどの教員は効用最大化やパレート最適性といった概念の欠点には触れません。教員は学生が行間に何を見るかということに無頓着であり、そのため単に理論を記述しているだけなのにそれを称揚していると受け取られることもあります。他方、経済学の批判者たちは理論とパラダイムとを十分に区別しません。彼らは特定の理論の失敗をあげつらって、パラダイムの長所を吟味することなしに、分野全体を否定しにかかるのです。本書の読者がこれら双方のバイアスに気づかれることを切に願います。

本書は私たちの思考を豊かにするための考え方や視点を全てにわたって包括的に述べるものではありません。本書は読者にとって根源的で、有用かつ意味のあると私が考える問題に触れます。私は全ての人が本書に含まれているようなことを知るべきであると考えており、個人的にはここで議論される問題を全ての有権者が理解しているような社会に住みたいと願っています。ある程度、これがどのトピックを本書に盛り込むかの基準でもありました。したがって、限定的であったり、専門家に任せておいたほうがいいと思えるような問題は本書では取り上げませんでした。言うまでもなく、このような基準を設けたうえでも、どの問題を取り上げるかに関する恣意性は残らざるを得ません。

本書では数理経済学で発展してきた内容が議論されます。これらの内容の多くは、明示的な数理モデルに言及しているような学部の教科書や大学院の教科書、論文といったものに数学を多用しながら登場します。しかし本書の目標は、高校を卒業していれば理解できるような言葉で主要な考え方をかみ砕いて語ることです。そこで、数式や専門用語は極力避けるよう努めました。もしある段落が難しすぎる場合には、その部分を読み飛ばしても理解に支障がないように書いたつもりです。

本書には4つの付録があります。主たる考え方を身につけるために本質的というわけではない内容で、様々な問題をより深く理解したい読者に向けて書かれたものです。これらの数学付録は〔英文のままですが——訳注〕本書のウェブサイト http://mitpress.mit.edu/rationalchoice に置いてあります。付録Aでは他の付録で用いる数学の概念を説明します。付録Bには本書で議論する内容を数学的に表現したものを書きました。付録Cは問題集となっており、付録Dはその解答です。本書と付録を組み合わせれば学部レベルの講義の教科書として用いることができるでしょう。

様々な対話やコメントを通じて筆者を鍛えてくれた多くの教師、同僚、学生のみなさんに感謝します。エルヴェ・クレスとエディ・デケルとの対話から本書を書く動機が生まれました。本書の草稿段階では、ダロン・アセモグル、アレサンドロ・チターナ、エヴァ・ギルボア＝シェヒトマン、ブライアン・ヒル、バリー・オニール、アンドルー・オートニー、マリオン・オウリー、トリスタン・トマラ、ならびに査読者と編集者から多くの有益なコメントをいただきました。文献整理やコメントに関しては、ニラ・リバーマン、ドロン・ラヴィド、アリク・ロジンスキー、ドヴ・シュモトキンに感謝します。

日本語版への序文

本書は、経済・政治・社会問題を考察する際に重要な意思決定理論、ゲーム理論、社会選択論の基本的な考えを論じたものです。私は現代の民主主義において、全ての人がここで論じられた考えに触れるべきであると信じています。本書ではこの目的を踏まえて、可能な限り数理的議論を排することを目指しました。

ある意味、本書の執筆は翻訳と同じ作業でした。数理的な言語で書かれた考えを平易で専門用語を使わない言語で表現するという作業がそれです。したがって、本書が他の言語に翻訳されるとの報に接したことはうれしい限りです。そのような翻訳は、簡単だけれど重要な考えをより多くの読者にもたらすという意味で、本書の執筆同様の役割を担ってくれています。これらの考えを理解するうえで数理的言語が障壁になるべきでないのと同様、英語という言語も障壁となるべきではありません。

私は本書が日本語に翻訳されることをとりわけうれしく思っています。日本語と日本文化に多大な尊敬の念を覚えるとともに、それが私が部分的にせよ知っているどの文化とも大きく異なることに思いいたっているからです。私の友人で同僚の松井彰彦氏はこれらのことを私に説明してくれたものでした。私たちはまた、言語や文化、思想といったものに関して延々と議論を重ねてきました。そのようなわけで本書が日本語に翻訳されることはとくに重要なのです。そして、松井教授がその労をとってくれることを光栄に思うと同時に、この場を借りて謝意を表したいと思います。

I

最適化

Chapter 1

できることと望ましいこと

1.1　例え話

イソップのキツネ

ある日の昼下がり、１匹のキツネが森を歩いていると、高い枝になっているブドウを見つけました。

「のどの渇きにちょうどいいぞ」とキツネは言いました。

何歩か後ろに下がって跳び上がりましたが、もう少しのところでとどきません。もう一度後ろに下がって跳び上がりましたが、またしても失敗です。ついにあきらめたキツネは鼻をくいと上に向けると、「どうせすっぱいに決まってるさ」と言って立ち去ったのでした。

グルーチョ・マルクスのクラブ

「わしはわしのような人間をメンバーとして受け入れるようなクラブには入りたくないんだよ」

希望的観測

「もしＰがＱの原因で、Ｑが楽しそうなものならば、Ｐは真である」

1.2　「できる」と「ほしい」を分ける

あなたはこれらの例え話を見てにんまりするかもしれません。最初の例え話は紀元前6世紀に遡る寓話です。面白さというよりは皮肉を込めて書かれているというべきでしょう。他の2つの例え話はジョークではありますが、同時に特別なメッセージを伝えようとしています。これらの例え話には基本的な共通点があります。どの話でも、できることと望ましいこと、つまり「できる」と「ほしい」が愚かにも混同されているのです。

最初の2つの例え話では、主人公にとって望ましいことができることによって決まってしまいます。イソップのキツネは明らかにブドウを採りたがっています。ブドウが手に入らないことがわかって初めて、ブドウはいらない、すなわちすっぱいから手に入れるに値しないと考えるに至ります。グルーチョ・マルクスはおそらく立派なクラブに受け入れられたいのでしょう。でも、彼は自分が入ることのできないクラブしか好きになれないことに気づきます。クラブが彼を受け入れてしまえば、もうそのクラブは彼にとって用なしになるのです。

心理学的な観点からは、イソップのキツネのほうがグルーチョ・マルクスよりもずっと健全です。キツネは「できない」からいらないと宣言します。それに対し、グルーチョ・マルクスは「できる」からいらないと宣言するのです。キツネがほしいものと得られるものを近づけようとしているのに対し、グルーチョ・マルクスは両者を引き離しています。キツネの話は欲求不満や失望や羨望といった感情をコントロールするために知性の観点から見れば不正直になることを厭わない人々を風刺しています★1。グルーチョ・マルクスの話はあまりにも自己嫌悪感が強くて幸せになることを自身に許さないような人々を物笑いの種にしています。

しかし、これら2つの例え話は同じ特徴を持っています。できることが望ましいことに影響を与えている、という点です。ある行為が「できる」とはそれを選ぶことができるということであり、意思決定者にとって可能だということです。ある選択肢の「望ましさ」とは意思決定者がそれを欲する度合いのことです。したがって、できることは世界に関する予想と関係していて、望ましいことは願望と関係しています。これら2つのことを混同するのは合理的でないように思えます。たとえば、もしブドウがおいしいだろうと思うなら、予想以上にブドウが高いところになっていたとしてもおそらくおいしいのです。もしあるクラブが立派で入ったら楽しいだろうと考えているのなら、そのクラブから受け入れられた後でもそうあり続けるべきです。合理性が要求するのは、望ましさの基準はできるか否かとは独立であるべきだということなのです。

希望的観測は、望ましいからある状態が正しいと考えてしまう状況のことです。ある選択肢が望ましいからできることであると仮定することは一種の希望的観測です。「もしPがQの原因で、Qが楽しそうなものならば、Pは真である」という文章は、「モダス・ポネンス（三段論法）」（「もしPがQを意味し、Pが真ならばQも真である」）のような論理学の原理と同様の形式を採ることで滑稽なひねりが加えられています。でも、この文章は、「もしQが楽しそうなものならば、Qは真である」というようにも読むことができます。ここでもまた、Q（ないしP）の実現可能性を私たちがどのくらいそれ（ないしその帰結）を好きかということに基づいて判断するのは非合理的なように見えます。私たちが問題を分析するときには、できることを目的や望ましさとは独立に判断できなくてはなりません。そうしなければ、現実に向き合うことができずに、自分自身を欺くことになってしまうでしょう。

したがって、合理的選択の礎石の一つは望ましいこととできることとの区別をはっきりさせることにあると言ってよいでしょう。区別をはっきりさせると言いましたが、それは両者を別々に論じることだけではなく、両者の間に因果関係はないことも意味しています。

1.3　合理的とはどういうことか

私たちは合理的選択の一つの柱を見つけました。できることと望ましいことの間の二分法です。だからと言って、二分法を満たさない例が日常生活の中に見出せないわけではありません。これらの例え話が滑稽なのは実際に思い当たる節があるからでしょう。さらに言えば、私たちは合理的でないと考える実生活上の現象があることに同意せざるを得ません。そうでなければ、すべてが合理的であるということになってしまい、「合理性」という言葉自体に意味がなくなってしまうでしょう。

「合理性」という言葉は正確に言うと何を意味しているのでしょうか。答えは明白ではありません。合理性はしばしば経済学で発展した個人の選択に関する様々なモデルを指します。この定義はほとんどの経済学者によって受け入れられているものです。彼らはほとんどの場合、経済主体をこの定義による合理的なものとしてモデル化できると信じています。また、この定義はほとんどの心理学者や行動意思決定論者によっても受け入れられています。彼らは経済学者とは反対に、経済モデルはデータに適合しないため、人々は合理的ではないと信じています。両陣営は、経済行動がどの程度合理的なモデルに近いかという実証的な問題については大きく意見を異にしていますが、合理性の定義については意見の一致を見ることが多いのです。

私は個人的にはより主観的な別の合理性の定義をとりたいと思います。この定義によれば、ある行動様式がある人にとって合理的であるとは、この人がたとえ自分の行動を分析されたとしてもその結果を心地よいものと感じ、困惑することがないような場合を言います。例えば、あなたがあなた自身を受け入れてくれるクラブには関心がなくなってしまうなら、私はこう指摘するでしょう。「あなたは、このクラブがあなたを受け入れてくれるまでは入りたいと思っていましたよね。受け入れてくれるとなったという正にその理由で関心がなくなりましたよね。次のクラブも同じように受け入れてくれることがわかった途端に関心がなくなるとわかっていて、なぜあなたは受け入れてもらいたいなどと思うのですか」。ほとんどの人はグルーチョ・マルクスの選択に居心地の悪さを感じるでしょう。つまり、できることから望ましいことを分離することがほとんどの人にとって合理的なことです。でも、もしだれかがこのような行動様式をまったく問題ないと感じると主張するなら、その人を非合理的だと片づけてしまうのではなく、この様式がその人にとっては合理的なのだ、と私は考えたいのです。

私がこのような妙な合理性の定義を好むのは、この定義が有用だからです。非合理な行動様式とは意思決定者に話しかけたり理論を説明したりすることで変えることができるようなものです。合理的な行動様式とは私が説明したり説教したりしても変えることができないものです。私は合理性を――意思決定理論の理論家によって意思決定主体に与えられる勲章のようなものではなく――安定性という概念、あるいは意思決定者の個人的な基準と実際の意思決定の整合性と見なそうとしています。

この観点にしたがって、以下の数章では、いわゆる合理的な選択の様々な要素を示しますが、読者はそのうちのどの要素が自分にとって理想的な意思決定の概念に当てはまるかということを自由に選びとっていただいてかまいません。ある文脈では合理的選択の原理が受け入れられるが、他の文脈では受け入れがたいといったことも起こり得るでしょう。この作業における私の目標は、読者がある種の方法で意思決定をすべきであると私がひとり合点することではなく、読者が自分自身や他の人による選択に関して理解を深めることにあるのです。

1.4　不確実性

多くの場合、あなたはある選択肢がとり得るものか否かといったことや、ある結果が望ましいか否かといったことはわかりません。これらの場合にできることと望ましいことの分離は成立しないのでしょうか。そんなことはありません。まずはできるか否かに関する不確実性から始めましょう。何かをすることができるか否かを知らないとしても、何かをしようとすることはできます。したがって、情報がないと、何かをしようとしたときの結果が不確実になるでしょう。例えば、ある難しい問題を解くことができるかどうかわからないとします。しかし、「その問題を2時間解いてみようとする」という行為なら考えることができますし、実際にその行為を選択することもできます。そうすると、不確実なのはこの行為の結果であって、できるか否かではないことになります。かくして、私たちが望ましいこととは独立にできることに関する予想を決めることができるかぎり、あることができるか否かを知らないということは何の障害にもなりません。

次に望ましいことに関する不確実性を考えてみましょう。私が1日の終わりに市場に来たとします。イチゴが1パックだけ残っています。さて、私はこのパックをほしいと思うでしょうか。もし、これが売れ残ったたった1つのパックだったなら、何かおかしいと疑うかもしれません。他の買い物客がそれを調べて何かおかしいと思って買わなかったかもしれないからです。もちろん、私はこのパックが売れ残っている理由を確信しているわけではありません。でも、このパックが売れ残っているという事実はイチゴの品質に関する何らかのシグナルです。事前にこのことを読み込んでいれば、そもそも市場へは行かなかったかもしれません。つまり、売れ残った商品があっても何か問題があるのだからと考えて。

これは少しグルーチョ・マルクスの話と似たところがあるようにも聞こえます。どちらの場合にも意思決定者はできるという理由で、やらないと決めています。しかし、両者は似て非なるものです。市場の例では、私のイチゴに関する選好はとり得る選択肢とは本源的に独立です。不確実性がある場合、もし他の消費者の行動に関する適切な仮定を置くと、ある財を買うことができるという事実からその財の品質を推論することができてしまいます。すなわち、できることと望ましいことの間にあるのは直接の因果関係ではなく、情報によって媒介された関係に過ぎないわけです。もし私がイチゴの品質を知っていたとしたら、売れ残っているという事実がその望ましさを変えることはなかったでしょう。

この章と次の2つの章においては結果が確実にわかっている選択肢について議論します。その後に不確実性がある場合の意思決定を議論します。まず最初に、意思決定者が選択できるものの、その結果が意思決定時には必ずしもわかっていないような選択肢について考察します。次にできることと望ましいことの間の二分法を精緻化し、3つの概念を区別します。できること、起こり得ること、望ましいことの3つです。**できる**という用語はこれまで同様、意思決定者がすると決めることができるものを指します。それに対し、**起こり得る**という用語は「起こる可能性があるが、それは意思決定者の選択の結果としてではない」ことを指します。**行為**という用語は意思決定者が選ぶことができる選択を指し、**状態**（「自然状態」ないし「世界の状態」）はいくつかの起こり得るシナリオのうち意思決定者のコントロールが及ばない選択を指します。状態における選択は、他の意思決定者や「自然（ランダムに起こることなどを指す）」による選択であり、意思決定者自身による選択を含みません。

確実性下では、できることと望ましいことの間の区別の重要性が強調されます。不確実性下では、行為と状態、ないしできることと起こり得ることを区別することは同じくらい重要です。人々はしばしば、彼ら自身のものではない選択肢をコントロールすることができると誤って仮定したり、逆に自身の選択肢をコントロールすることができないと誤って仮定することによって、誤った結論に辿り着いてしまうからです。

1.5　禅と不条理

望ましいことができることとは独立であるべきだという主張はそれほど明白なことでしょうか。達成可能ないし不可能だからあるものを欲するという状況があって、グルーチョ・マルクスの話ほどは滑稽でないような場合もあるように思えます。例えば、難しい問題を解こうとしている数学者を考えてみましょう。彼女は簡単な問題にはつまらないとか「面白くない」と言って取り組まずに、これまで彼女を寄せ付けてこなかった問題を解こうとしています。この意味において、この数学者はまだ登頂したことがないという理由で頂上を目指す登山者、あるいは新たな国を征服した国のリストに加えたいと思っている帝国主義者、あるいはもう一度自分自身の記録を更新したいと思っているスポーツ選手に似ています。実際、私たちは、達成可能かどうかわからないという理由で目標を定め、できるとわかった段階で興味を失うといった人々に囲まれているように思えます。アルベール・カミュが「不条理」と見なした人物たちはすべてこのタイプです。

また、目標よりもそこに至る過程が大切なのだと教えようとする理知的な人々もいるでしょう。禅の道はこの種の考えに至る着想の元となっているかもしれません。そしてもしあなたが目標そのものではなく、目標に至る道に関心があるのなら、到達できない目標を好むかもしれません。すなわち、できないという理由によって望ましいということになります。

　これらの例は望ましいこととできることを混同しているのでしょうか。必ずしもそうではありません。これらの例にはいくつかの異なる論点があります。そのうちのいくつかのものは、適切に選択肢を定義することによって合理性の標準的なモデルに取り込むことができます。初めに私がピーナッツをむしゃむしゃと食べているところを見つかったとしましょう。あなたは私が沢山のピーナッツを胃袋に詰め込むことを楽しんでいると結論付けるでしょうか。たぶんそうはしないですね。よりもっともらしい仮定は、胃袋にたまったピーナッツの重量ではなく、ピーナッツの味から快楽を得ているというものでしょう。すなわち私はピーナッツが胃袋に入っている状態ではなく、ピーナッツを消費する行為を楽しんでいるというわけです。同様にプールで泳いだり、森の中を散歩したりするのは、それ自体が楽しいからであり、どこかへ辿り着こうとしているわけではありません。

　次になるべく多くの場所を訪れたいと思っている旅行者を考えてみましょう。彼は旅行は楽しみますが、森の中の日々の散歩はまったく楽しもうとしません。知っている場所は新しい場所ほど望ましくないと考えているのです。しかし、彼は到達できるかどうかわからないという**理由で**新しい場所を探すわけではありません。彼は単に初めて訪れて何かを発見することを楽しんでいるのです。この現象もまた前に述べたように合理的選択の視野に収まります。ピーナッツを消費する場合と同様、効用をもたらすものは最終的な状態ではなく、行為そのものなのです。また、この場合には行為から導かれる快楽は歴史的経緯にも依存しています。

　数学者の例え話はもう少し複雑です。ピーナッツをむしゃむしゃ食べる場合と同じように、数学者も状態よりも行為をより楽しんでいます。旅行者の場合と同じように、数学者も発見の喜びを求め、初めてのときだけその行為を楽しみます。でも、旅行者の話と異なり、数学者は問題が難しければ難しいほどそれを解くことを楽しめるのです。つまり、彼女は一見してできなさそうに思えれば思えるほど制覇することを望むのです。それでは、グルーチョ・マルクスと異なる点は何でしょうか。

答えは明白ではありません。数学者はスポーツ選手同様ある種の活動を楽しみ、努力を要しない活動からは喜びを得ることができないと論じる人がいるかもしれません。この説明によれば、できないかもしれないという理由で達成を望むわけではなく、解答を楽しみたいだけとか筋肉がよく動くと感じたいだけ、ということになります。あるいは、あなたにとっては数学者やスポーツ選手という職業は十分に合理的なものではないかもしれません。いつもそうであるように、あなたにとって何が合理的かは、最終的にはあなた自身が決めるのです。

1.6　理論とパラダイムについて

前の２つの節は少し頭がこんがらがったかもしれません。望ましいこととできることを分離するという「合理性」の定義がかなり限定的なものであると認めてしまうのではなく、私たちが推し進めようとしている原理を助けるために、概念を定義し直しながら進めていきます。一見都合が悪くなったら定義を変えてしまうように思えるこの進め方は誠実なものなのでしょうか。そして合理性という言葉を適切に再定義しても合理的だと見なされ得ないようなものがあるのでしょうか。

理論は反証可能でなくてはなりません。そしてもし理論が反証されたなら、それを正直に認めなくてはなりません。しかし、私たちが売り込もうとしている商品はある特定の理論というよりはパラダイムです。パラダイムとは思想のシステムであり、私たちの心の中で世界を構築するやり方です。パラダイムはある種の定式化され理念化された用語から成り立っていて、特定の理論と異なり、これらの用語が現実の現象に写されるにあたってある程度の自由度が許されるものです。つまり、数学者に喜びを与えるものは、「定理を証明することができる」というものから「過去に知られていなかった定理の証明を見つける」というものへ変更することができるくらい柔軟性があるのです。

本書を通じて、そのような再定義を行う例が登場します。合理的選択のパラダイムは、ある特定の合理的選択の理論が失敗したとしても、有益で示唆に富むものとなるでしょう。このことが、本書がより一般的な「合理的選択理論」ではなく、「合理的選択」と名付けられた理由です。社会科学においては有益でありながら同時に正確な理論に辿り着くのは難しいことです。しかし、私たちが世界について考えるやり方を変えてくれる視点や系統だった原理はいくつもあります。本書の焦点はそこにこそあるのです。

Chapter 2
効用最大化

2.1　例え話

［アンがテーブルに座っている。姉のバーバラが入ってくる］

バーバラ：ねえ、どうしたの。

アン：別に。

バーバラ：なんか落ち込んでるみたいじゃない。

アン：そんなことないわ。

バーバラ：あら、あなたのことをよく知っているつもりよ。明らかに、間違いなく、絶対に落ち込んでいるわ。

アン：落ち込んでなんかないわ。ただ……

バーバラ：……ただ？

アン：えっと、だれにも言わない？

バーバラ：もちろんよ。信じなさいよ。姉はそのためにいるのよ。

アン：昔、チョコレートの件でお姉ちゃんを信じたときみたいに。

バーバラ：ああ、馬鹿なこと言わないで。子どものときのことじゃないの。

［二人とも笑う］

アン：えっとね。３人の男の子がいて、みんな私とデートしたいって言っているのよ。で、どうしたらいいかわからなくって。

バーバラ：なるほど。それなら私にも覚えがあるわ。その子たちのこと、好きなの？

アン：うん。

バーバラ：３人とも？

アン：うん。

バーバラ：あなたって選り好みしないタイプなのね。

アン：とてもありがたいお言葉ね。どうして、妹はとても素晴らしいので最高の男の子たちが寄ってくる、って言えないの？

バーバラ：そうそう。そう言いたかったのよ。ともかく、３人とも好きなのね。

アン：ええ、まあ、わかるでしょ。いいところと駄目なところがあって、どの子も完璧ではないのよ。

バーバラ：そのうちのだれかを愛している？

アン：わからないの。えっと、そうだと思うわ。えっと、ある意味それぞれを愛しているってこと。

バーバラ：それじゃあ、だれとも恋に落ちていないってことだわ。

アン：たぶんね。でも、一人ぼっちになるのはいやなのよ。もしずっと恋に落ちることがなかったらどうなるの？

バーバラ：いいわ。いいこと教えてあげる。まず座って、彼らに１人ずつ数字を当てはめるのよ。よければよいほど高い数字になるというわけ。そしたら、一番高い数字になった男の子を選べばいいわ。

アン：そんなの馬鹿げているわ。学校でそんなこと習うの？

バーバラ：ええ。効用最大化っていうのよ。

アン：それって、お姉ちゃんがビジネススクールで勉強していることみたいじゃない。あなたの効用をどうやって最大化するか、ってね。ふーん、すごいわ。講義のタイトルはさしずめ「ボーイフレンドの使用法と悪用法」ってとこでしょ？

バーバラ：なんで悪用なのよ。なに怒ってるの。

アン：何て言ったか考えてごらんなさいよ。効用、最大化。なにか血も涙もない感じ！　学校では金持ち坊やや七光り坊やをどうやってつかまえるかっていうのも教えてくれるのかしら？

バーバラ：そうじゃないわ……

アン：恋愛の話をしているのよ。お金の話じゃないわ！　人のつながりや気持ちのことよ。株なんかや、えっと、えっと……

［アン、泣き出す］

バーバラ：ちょっと待ってよ。いい、少し落ち着いて。まず、学校ではボーイフレンドの選び方なんて教えないわ。ビジネススクールよ。サマーキャンプじゃないの。なんでこんなことを思いついたかっていうと、物事を決めるってことだからよ。つぎに、あなたは言葉に踊らされているわ。

アン：ええ、もちろんよ。お姉ちゃんが世界で一番の天才だと思うか、言葉に踊らされているかのどっちかだわ。

バーバラ：いいえ、そうじゃないわ。ちょっと説明させてくれないかしら？

［アン、黙る。しかし、説明を聞きたそうにしているのは明らかである］

バーバラ：そしてどうかお願いだから、興奮しすぎたり、特定の言葉に過敏になったりしないでね。それが言葉に踊らされるということなんだから。言葉は忘れて、中身を考えるの、いい？

アン：いいわ。聞いているわよ。でもお願いだから、この前の微分のときみたいに長い話はしないでね。あのときは何にもわからなかったわ。

バーバラ：心配しないで。今回は純粋に概念に関することだから。短いし。

アン：いいわ、どうぞ。

バーバラ：３人の候補者のうち２人の組を作ってその２人のうちどち

らを選ぶか、という問題を考えて。

アン：候補者！　何も政治の話をしているわけじゃないわ！

バーバラ：ほらね。言葉にとらわれちゃっているのよ。「候補者」「選択肢」「男の子」って呼んだからって何が問題なの？

アン：人のことを何て呼ぶかは重要なの。言葉ってね、私たちの考え方に影響を与えるのよ。選択肢と考えた瞬間にいなくてもかまわないものになってしまうの。

バーバラ：あなたの言いたいことはわかるわ。実際、あなたの意見には賛成よ。真面目な話、あなたが言ったことはとても深いことだと思うわ。私だって、経済学者は言葉の選び方が下手だから不必要な批判を浴びるんじゃないかしらと思ったりするもの。

アン：不必要じゃないわ。言葉はそれ自体、力があるってお姉ちゃんも認めたじゃない。

バーバラ：私が言いたかったのはね、経済学者は結構良識あることを言っているのに、言葉の選び方が下手だからみんな話を聞かなくなっちゃうっていうことよ。

アン：わかったわ。でも、私は大人だし、心が広いから聞くことにするわ。

バーバラ：じゃあ、2人の組をいろいろと作ったときにどちらを選ぶかを考えてね。

アン：ぜんぶの組み合わせを考えるの？

バーバラ：そうよ。3人のときはちょうど3つの組み合わせができるでしょ。4人なら6つ、5人なら10、って感じよ。

アン：微分はなし、って約束したわよね。

バーバラ：微分？　微分は微積で出てくるやつでしょ。これは組み合わせ理論よ。

アン：あーん、もう何を言いたいかわかるでしょ。

バーバラ：いいわ。とにかく3つの組み合わせを思い浮かべるのよ——*a-b*, *b-c*, *a-c* ってね。

アン：思い浮かべたわ。

バーバラ：それぞれの組み合わせの中でどちらかを選べるようにしたいって思わない？

アン：ええ、もちろん。そうしようとしているところよ。

バーバラ：これを「完全律」って呼ぶの。いつでも2つのうちどちらかを選ぶことができるってこと、あなたの選好が完全ってことよ。

アン：で、もしどっちも同じくらい好きだったとしたら？

バーバラ：同点でもいいのよ。その場合は2人はあなたにとって無差別ってことになるのよ。どっちももう片方と同じくらい好きってことになるの。その場合はどっちでも先にあなたの心に浮かんだほうを選んでもかまわないの。でも、一度選んだら変えちゃ駄目よ。ちなみに変えないほうが男の子たちにとってもいいことなのよ。

アン：え？

バーバラ：そうでないと彼らを怒らせちゃうわ。いいわと言ったり駄目と言ったり、最初はあなた、つぎは彼、でそのつぎはもしかしたら、なんてね。知ってる？　例えば、フランツ・カフカは同じ女性と2度も婚約して、2回とも婚約を破棄したのよ。

アン：本当？

バーバラ：そうよ。その女性はあんまりうれしくはなかったでしょうね。

アン：なんでそんなことしたの？

バーバラ：えっとね、彼は決心することができなかったのよ。言いたいのはそんなふうに心変わりするのはあまりロマンチックじゃないということ。

アン：ああ、それならわかるわ。

バーバラ：よし。では、あなたの選択は推移的であってほしいと思う？

アン：何ですって？

バーバラ：推移的。どういうことかと言うと、aがbより好きで、bがcより好きなら、aはcより好きっていうこと。学校で習うときはそれぞれ同じくらい好きっていう場合もOKなんだけどね。ね、推移的なほうがいいでしょ。

アン：そう、だと思うわ。

バーバラ：もちろん、そういう意思決定をしたいわよね。

アン：ああ、まただわ。賢い姉がアンに何がほしいのか教えてくれたというわけね。

バーバラ：ううん、違うってば。私があなたの姉であるということも私が賢いということも関係ないわ。どっちも正しいけど。

［アン、目を丸くする］

バーバラ：推移的でありたいのは、もしそうでないと変なことが起こるからよ。だって、cとデートしていたらbが来たからcと別れて、次にbとデートしていたらaが来たからbと別れて、その次にcが来たらaと別れて、というふうにみんなに愛想を尽かされるまで堂々巡りをしてしまうもの。推移的でないなら、みんなに酷な仕打ちをすることになるし、もしみんながしっかりした人たちだったらあなた自身がひどい目に遭うことになるわ。

アン：えーっ。誰か一人の人に誠実だったら他のみんなには酷な仕打ちをすることになると思うわ。

バーバラ：私、そんなこと言った？

アン：ダ・ポンテが言ったのよ。ドン・ジョヴァンニのセリフとしてね。

バーバラ：ああ、なるほどね。自分が馬鹿正直だったのかと思ってしまったわ。

アン：変なの。

バーバラ：でも、わかったみたいね。あなたがカフカみたいに優柔不断だったり、ドン・ジョヴァンニみたいに浮ついていたいと思っているのでなければ、あなたは完全で推移的でないといけないのよ。

アン：わかったわ。そうだとしましょうよ。姉のためにするようなことではないけどね。

バーバラ：要は、もしあなたの好みが完全で推移的なら、あなたはあたかも効用関数を最大化しているかのようになるということよ。

アン［疑わしそうに］：関数？　また微分の話じゃないわよね。

バーバラ［笑いながら］：微積では微分が出てくるけどね。でも、私が言わんとしていることはルールのことよ。選択肢に数字を当てはめる方法。

アン：何が方法？　で、何が方法でないの？

バーバラ：表を思い浮かべてごらんなさい。一つの列には選択肢の名前を書いて、もう一つにはそれぞれに当てはめる数値を書き込むの。

アン：表のことなら、なんで関数って呼ぶの？　ときどきお姉ちゃんは本当は自分が言っていることを私に理解してほしくないんだ、って気持ちになるわ。

バーバラ：ごめん。そんな目で見ないでよ。関数と呼ばれる理由はね、ときどき表ではなくて、数式の形で書かれるからよ。ほら、x の全ての値に対して値を列挙していくかわりに $2x$ と書くみたいに。

アン：いいわ。でも、関数を表として考えればいいのね。

バーバラ：そうよ。ときどき数式で書いたほうがわかりやすくなる表の値だと思ってくれれば十分よ。

アン：よかった。でも、なんのために関数がいるの？

バーバラ：議論を引っぱるわね。最初にどうして関数なんて言ったのか忘れそうになっちゃったじゃない。あ、そうだった。もしあなたの選好が完全かつ推移的なら、あなたはあたかも効用関数を最大化するように行動していると言えるのよ。

アン：あたかも？　でも、私はそうじゃないわ。

バーバラ：えっと、これはあなた次第よ。でも、これはどう表現するかって問題だけだから気にしなくていいわ。「アンは効用関数を最大化するように選択肢を選ぶ」とも言えるし、「アンは完全かつ推移的なやり方で、あるいは強固な意志と誠実なやり方でだれとデートするか決める」と言ってもかまわないの。これらの2つの言い方はまったく同じことを意味しているのよ。そのことは数学的に証明できる定理なの。

アン：何が？

バーバラ：あなたの持っている選好——2つの選択肢を比較する方法——が完全で推移的であるならば、あなたの選好は効用関数で表現できるし、だから高い効用を持つ選択肢のほうを選べばいいっていうこと。

アン：いつも？

バーバラ：ええ、少なくとも選択肢の数が有限個ならね。で、どんなにきれいなアンでも無限人の求婚者がいるわけではないでしょ。

アン：お姉ちゃん、頭いいのねえ。

バーバラ：あなたが思っているよりはね。まだあるわ。あなたを見て悪い子だなんて思わずに、「アンは効用関数を最大化している」と言えるというだけでなく、効用関数を見つけてそれを最大化するという方法だけが、あなたの選好が完全で推移的だということを保証してくれる方法だって断言できるのよ。

アン：ということは、お姉ちゃんは私が数字——お姉ちゃんが喜ぶなら効用と呼ぶけど――をそれぞれの男の子に当てはめて一番高い数字の子を選べばいいということを本気で提案しているのね。

バーバラ：そうよ、それが正に私が提案していることよ。

アン：でも私、効用《ユーティリティ》という言葉、本当にきらいだわ。ユーティリティ・カンパニー、つまりガス会社や電気会社やケーブル TV のこと思い出しちゃって、恋愛には結びつかないの。

バーバラ：利得《ペイオフ》と呼んだらだめ？

アン：利得っていうと、何か馬券を買ったときにもらえるものみたいだわ。

バーバラ：なんて呼んでもかまわないわ。呼び方には大した意味を当てはめないって約束したでしょ。つべこべ言っていないで選択肢に数字を当てはめなさいよ。

アン：でも、どうやってすればいいかわからないもの。ボブが例えばジムよりも高い点数だなんてどうやったらわかるのよ。

バーバラ：自分の胸に聞いてごらんなさい。どっちが好きなの？

アン：でも、そこが正にポイントなのよ。どっちが好きかわからないの！

［バーバラ、黙りこむ］

アン：えっとね。そもそもお姉ちゃんはそれを助けようとしてくれたのよね。

バーバラ：いいこと。ちょっと考えてみるわ。

2.2　二つの重要なこと

前節の会話には二つの重要な点があります。一つは「効用」とか「最適化」といった用語が登場しても耳をふさいではならないということです。これらの用語は愛や憎しみといった感情的な意思決定や、気高い動機や単純な動機といったものを排除しているわけではありません。ある人が効用関数を最大化しているということは、単にその人が自分自身の選択に関して整合的に振る舞っているということにすぎません。マザー・テレサは世の中の健康な子どもの数を最大化する人と表現することができるかもしれません。その場合、彼女はある関数を最大化していることになります。アドルフ・ヒトラーはドイツにおけるアーリア人の割合を最大化しようとしました。彼もまたある関数を最大化しようとしたのです。マザー・テレサやアドルフ・ヒトラーを効用最大化主体として思い浮かべることは、彼らがそれぞれ整合的なやり方で自分の目的を追求したと言っているにすぎません。彼らが倫理的な見地や性格などの点で同等の人物だったと言っているわけではないのです。マザー・テレサの効用関数を見れば彼女を崇拝するでしょうし、アドルフ・ヒトラーの効用関数を見れば彼を忌み嫌うことでしょう。効用最大化という概念はこういった様々な態度をとる余地を残しているのです。

2番目に重要な点は、会話の最後に出てきたもので、効用関数を最大化しようとしても役に立たないこともあるということです。そもそもどちらが好きかわからなければ、会話に出てきた数学的同値性があったとしても状況は改善しないのです。

この会話は選好が完全で推移的ならば、そしてそのときのみ、ある（効用）関数の最大化によって選好を記述することができるという定理に触れています。数学的な詳細は付録Bに回すことにして、ここでは定理の解釈の話に移りましょう。

2.3 解釈

付録Bの定理には3種類の解釈があります。一つめは効用最大化理論の規範的応用、すなわち意思決定者にどんな行動をすべきかを推奨する応用理論というもの。二つめは記述的応用、すなわち現実を記述したり行動を予想したりするものとして理論を解釈するような状況を考えるというもの。最後に定理を理論的な用語を定義するための方法としてメタ科学に解釈するというもの、の三つです。

2.3.1 規範的な解釈

規範的科学は聞き手に話しかけ、何をすべきかを推奨するような科学者——意思決定理論家、ゲーム理論家、経済学者、政治学者など——の活動です。聞き手は例えば老後の生活設計をしているような個人の意思決定者かもしれないし、憲法を起草している国家全体かもしれません。規範的科学に関する重要な点は、その役割が現実を記述することにあるのではなくて、現実を変えることにあるという点です。規範的科学は物事がどうなっているかを述べようとするのではなく、物事がどうあるべきかを述べようとするのです。

少し待ってくれ、と思う人がいるかもしれません。どのようにして科学者は知るのか。どこからそんな権限を引っぱってくるのか。人々がどのような人生をおくるべきかを教えたり、社会に対し、どのような法に従うべきかを説教するなんて、少し尊大ではないか、と。

これは鋭い問いかけです。人々はときどき社会科学者に何を期待することができて、何を期待することができないかを忘れてしまいます。まず社会科学者は宗教の説教師ではなく、何か外側にある権威に頼ることはできないとしておきましょう。そのとき社会科学者ができるのは、意思決定者にとって何が最良のことかを考える手助けをすることくらいです。問題を分析したり、一般則や特定のアナロジーを用いたり、実証や実験とともに数学的結果を見せたりしながら、社会科学者は、今とは異なる意思決定のしかたをしたほうがよいと意思決定者に納得させようとすることができます。しかし、最終的な決断を下すのは老後の生活設計をする労働者や憲法の修正案に投票する国家といった意思決定者なのです。

規範的分析を行う科学者の役割が、意思決定者がある種のやり方で行動するよう説得することだという見方に立つとしたら、科学者はどのような道具を持っているのでしょうか。どうやって他の人々を説得できるのでしょうか。

原理的には、他の人々を説得するために様々な議論を用いることができるでしょう。仮に、（おそらく非現実的ですが）科学者には下心がまったくなく、意思決定者にとって最良のことをしたいと心から思っていると仮定しましょう。意思決定者を説得して自分が開発したソフトウェアを買わせようとか、謝礼を払わせようとかしたいわけではありません。科学者は意思決定者がその教えに納得し、（後年でもよいので）そこから多くのことを学んでほしいと願っています。したがって、科学者は特定の討論に勝つために巧言《こうげん》を弄するようなことは望みません。言葉巧みに語るとしても、それはしっかりした結論を提供したいがためです。私はここで「巧言」という用語をふつうとは少し異なる意味で使っています。ここでの「巧言」は必ずしも悪い意味ではありません。正確に言うと、悪い意味での巧言と良い意味での巧言とを区別できるということです。悪い意味での巧言とは、一種のぺてんであって、相手を言い負かすことはできますが、次の日になってみればその相手も言い返す返答を思い付くというようなものです。良い意味での巧言は相手が問題を異なる角度から見ることができるようにする議論のことです。大ざっぱに言って、良い意味での巧言は、以前の討論から借用して使ったとしても、自分が納得したように他の人も納得させられるような道具なのです。

数学はそのような道具です。再び効用最大化問題を考えてみましょう。ある科学者が意思決定者に効用関数を最大化するように言ったとしたら、変に思われるかもしれません。でも、もし意思決定は完全律と推移律を満たすように行ったほうがよいと助言したら、その助言は議論の余地が少ないもの――おそらく当たり前のことさえ――と思われるでしょう。その後に効用最大化の定理を持ち出せば、これらの公理に賛同するのなら、結論にも賛同しなくてはならないことを示すことができます。公理を受け入れておいて、その帰結を拒否すると、非常にばつの悪さを感じるでしょうから。

結論を言うと、定理の第一の解釈は規範的なものです。効用最大化定理は、ある特定の意思決定モデルに従って行動したほうがよいことを、私たちを含む意思決定者に納得させる一助とすることができるのです。

2.3.2 記述的な解釈

社会科学の理論はしばしば現実の描写であることを企図して作られています。これらの定理は現実を変えようとするというよりは、現象をよりよく理解し、予想を可能にしてくれます。この種の解釈は記述的解釈と呼ばれます。もし、効用最大化理論をこのように捉えるとしたら、この定理は私たちに何を教えてくれるでしょうか。結局、この定理は同値定理なのです。したがって、現実に何か新しいことを言うわけではなく、同じ行動様式の異なる表現（の間の同値性）に関するものなのです。

実際、もしある定理が特定の予想を行い、その予想の正確さで判断されるのであれば、その理論の異なる数学的表現は同じ精度を持つことになります。しかし、成功を収めた理論があるような自然科学においてでさえ、理論はその精度だけではなく、簡潔さや一般性といった基準で選ばれます。こういった基準はどうやって表現するかに依拠しています。ある一つの理論が一方の定式化では複雑に見えて、他方の定式化では単純に見えることはままあります。同様に、ある理論を言い換えることで異質だと思われていた理論同士が結びつけられ、それによって以前考えられていたよりも一般的であることが示されることもあります。

社会科学で見られるように理論が特定の予想ではなく、考え方や一般的な視点をもたらす場合、同じ理論を異なる方法で表現することはさらに重要になります。理論をパラダイムと同じく、このように理解するとき、理論がどの程度妥当であるか、どの程度応用可能であるかといったことは、私たちがどの程度もっともらしいと思うかという直観的な判断によることになります。例えば、私は後の章で自由市場と経済学者がそれを好む理由について議論しますが、市場の最適性（ないし効率性）に関する議論は効用最大化という観念に依拠しています。もし私がほとんどの人は効用関数を最大化すると考えていると述べたとしたら、気が狂ったと思われるかもしれません。しかし、まったく同じ理論を語る際に、ほとんどの人は完全律と推移律を満たしていると考えていると言い換えたら、私の主張はよりもっともらしく聞こえるかもしれません。このように、私の主張の正しさがどの程度相手に伝わるかは、私がどのように表現するかにかかっているのです。理論が不正確であればあるほど、そして私たちが直観と定量的な議論に頼れば頼るほど、数理的な分析がより重要になります。その場合、私たちは理論をいろいろなやり方で見ることができるようになるのです。

2.3.3 メタ科学的な解釈

最後に 2.2 節で述べた定理は理論的な用語である「効用」を観察可能な用語「選択」に関連付けるものと見なすことができます。これは、理論的な概念の意味は観察可能なものの中にあるという科学哲学における論理実証主義に沿ったものです。この考えは科学哲学の中でも批判されてきましたが、科学的活動のみならず日常生活でも政治討論でも、いまだに有益なガイドラインです。議論を始める前に、用語の正確な意味を考えておくほうが賢明でしょう。同じものを異なる名前で呼ぶこともあるし、同じ言葉をまったく異なる意味で使うこともあり得るからです。私たちが問題にしている定理は「効用」の意味について語っています。この**顕示選好**パラダイムによれば、効用とはそれを最大化する選択肢と意思決定者がとる選択肢が等しくなる関数のことです。これはとくに、同じ選択肢を予想する2つの効用関数は異なるものとみなされるべきではないし、どちらが正しいものかを決めるために時間と努力を費消してはならない、ということを意味しています。

2.4　測定の問題

観察できる選択行動が効用という理論的な概念を規定する、と見なすなら、データと合致する効用関数は一つしかないのでしょうか。あるいは、選択に関するデータを所与としたとき、意思決定者の効用と呼ぶにふさわしい関数が複数あって、そのどれもが意思決定者の選択を効用最大化としてうまく描写できてしまうのでしょうか。

唯一性はある量を測定しようとするたびに生じる問題です。典型的には、測定関数は唯一のものとはなりません。なぜなら測定単位に依存するからです。例えば、重量はグラム、キログラム、オンスなどで測定することができます。ある物体の重量が5であると言っても、単位を決めて、5グラムなのか5オンスなのかをはっきりさせなければ意味を持ちません。グラムで測った重さの数値は0.001倍することでキログラムを用いたものに変換することができます。グラムを用いて述べられた理論はまともなものならばキログラムを用いて書き直すことができます。同じことは長さについても言えます。メートル、センチメートル、フィートなどを用いて測ればよいわけです。このように、物理的数量は最低でも一つの自由度を持ちます。それが測定単位の選択です。

さらに測定の選択に関してより多くの自由度を持つ場合もあります。測定単位だけではなく、ゼロをどこに設定するかがそれです。温度を考えてみましょう。華氏と摂氏は測定単位が異なり、1度の意味が異なるだけでなく、零度と呼ばれる温度が異なります。地上における高さがもう一つの例です。海面を基準に高さを測定するのが慣例ですが、別の地点をゼロと定めることもできたでしょう。

効用を測定する場合に、物理的数量よりも自由度が少ないとは考えづらいでしょう。例えば、「この映画から私が受ける効用は6である」などと言えるとは考えたりしません。もし効用を測る関数を持っていたとしたら、それに正の数をかけることで同じ効用を測る関数を作ることができるでしょう。さらに、温度の場合と同様、ゼロをどこに設定するかも適当に決められます。言い換えると、一つの効用関数を元にして、ある数字を全ての値に足すことによって、順序を変えずに新しい関数を作ることができるのです。これら2つの変換——測定単位の変更（正の数をかけること）とゼロの場所の変更（数字を足すこと）——を合わせて、効用関数の増加線形変換と呼び、それによって同じ意思決定者に対応する別の効用関数を作ることができます。実際、効用の測定に際しても温度の測定のときと同様の自由度があるのは自然なことでしょう。

しかし、効用の測定のときには温度のとき以上に自由度があります。効用で意味するのが「最大化される関数」なのであれば、線形変換とは限らないどのような増加変換も観察上同じものになります。選択行動から測られる効用関数は単に「序数的」であると言われます。関数のどの値もそれ自体では意味がなくて、順序だけが重要なのです。したがって、もし a が b よりも高い効用を持っていて、b が c よりも高い効用を持っていたとしたら、(a, b, c) に割り当てる数値が、(10, 1, 0)、(10, 9, 0)、(90, 54, 2) のどれであろうがまったく同一の観察上の意味を持つことになるのです。最初の選択肢に10が割り当てられようが、90が割り当てられようが、あるいは効用の値の範囲が10だろうが88だろうが、観察上の意味はまったくありません。同様に、a と b の差と b と c の差を比較することにも観察上は意味がありません。効用の値で意味があるのは、最初の選択肢が2番目の選択肢よりも望ましく、どちらも3番目の選択肢よりも望ましいという点だけです。数値が下がっていく3つの数字の組であればどれでもこの関係を満たします。したがって、そのどれでもいま考えている意思決定者の効用関数となり得るのです。

効用関数の自由度を減らしてよりはっきりさせることができるデータもあります。例えば効用関数を、単に2者間の比較ではなく、算術で使いたければ、観察上同一になる効用関数の範囲は狭まるでしょう。第4章では、期待値の計算に用いられるような効用関数を考えます。その際には、効用関数は温度と同程度に定まることになります。あるいは、選択の確率に関するデータがあれば、より少ない自由度で効用関数を決めることができます。ただし、効用はただ一つのものに決めることはできないということ、とくに正の数をかければほぼ全てのモデルで観察上同一の別の関数を作ることができるということを頭に入れておくことは大切です。

2.5 効用と不効用

不効用の最小化を考えるほうが効用の最大化を考えるよりも自然に見える場合がしばしばあります。両者は必ずしも同義ではありません。心理学では快楽の追求と苦痛の回避は区別されます。例えば、どのコンサートに行くかを決める際には効用最大化として行動を記述するほうが自然です。他方、頭痛薬を買う場合には不効用の最小化を考えるほうが行動の記述としてはより直観的です。さらに言えば、両者の間には意思決定の方法に違いがあるでしょう。快楽の追求の際には効用の値が正の範囲にあって、苦痛の回避の際には負の範囲にあると考えたくなるかもしれません。そのようなモデルでは、ゼロという値が意味を持つようになり、効用関数に一定の数値を足しても、同じ行動を表すわけではなくなります。しかし、効用の範囲が正にあるか負にあるかによって快楽の追求と苦痛の回避をうまく関係づけられるかは明らかではありません。

重要なのは、選択行動のデータだけからある問題が効用最大化問題なのか不効用最小化問題なのかを見分けることは難しいということです。選択肢 a を b よりも好むと言った場合、a が b よりも大きな快楽をもたらすことも a が b よりも少ない苦痛ですむこともあり得ます。さらに、意思決定者本人にとっても快楽の追求と苦痛の回避を区別することがそれほど明らかではない場合も多々あります。私たちは飢えたら空腹を満たすために食べますが、食べ物の味を楽しむという行為も同時に行っています。苦痛を和らげるために衣服と家を必要としていますが、それらが機能的で美しいときには快楽も同時に得ているのです。

したがって、快楽の追求と苦痛の回避は常にきちんと区別できるわけではないし、選択に関するデータから判断できるわけでもありません。幸いなことに多くの場合、この区別は選択の記述や予測には必要ありません。もし a と b という選択肢に直面したときにいつも a を選んでいたとしたら、次の機会でどちらを選ぶかを予測するためにそれが快楽の追求なのか苦痛の回避なのかを考える必要はありません。このような理由で、古典的な意思決定理論では効用の最大化と不効用の最小化を区別しません。しかし、ある種の問題では、意思決定者の動機に踏み込み、両者を分けて考えたほうがいい場合もあるということは頭に入れておいてもいいでしょう。

Chapter 3

制約付き最適化

3.1　一般的な枠組み

第1章の議論では、合理的選択は望ましいこととできることを区別しなくてはならないという結論に達しました。第2章では、「望ましい」ことは、適切に選択された効用関数に対し「高い効用を持つ」ことに対応することが示されました。これら2つの考えを組み合わせると、合理的選択のモデルを「制約付き最適化」問題——すなわち、制約の下で効用（ないし目的関数ないし利得関数）を最大化するような選択肢を選ぶ問題——として定式化できることになります。

ここでは問題を定式化するに際して3つの段階を区別します。

1.「意思決定変数」を決める——どの変数を意思決定者が決めることができるか。
2.「制約」を決める——どの変数の値の組み合わせを選ぶことができるか。
3.「目的」を決める——意思決定者が最大化（最小化）したいのはどの効用（不効用）関数か。

例えば、企業にとっての意思決定変数は投入量と産出量となり、制約は生産技術で与えられ、目的は投入物と産出物の市場価格の下で利潤を最大化することになるでしょう。また、減量しようとしている男性を考えてみましょう。彼の意思決定変数は様々な食べ物の消費量で、制約は栄養の確保で、目的は摂取カロリーの最小化になるでしょう。

形式的には、制約付き最適化問題は次のように書けます。

max　(効用関数)

条件：

(意思決定変数が制約を満たす)

一般に制約付き最適化問題では、多くの制約が付くかもしれません。その場合、それらの制約を全て満たすものが選べるものの集合を定めることになります。一方で目的関数は常に一つだけです（最大化される効用関数ないしは最小化される不効用関数)。明らかに現実には、目的や意思決定を評価する基準は複数あり得ます。しかし、これらの基準が一つの目的関数の中にトレードオフ関係として含まれていれば、意思決定者の目的をうまく定めることができます。第2章で述べた完全律の公理は、意思決定者は2つの選択肢のうちどちらを好むかを決めることができる、というものでした。この公理は暗黙裡に異なる目的間のトレードオフも考慮に入れているのです。

実生活においては、目的と制約の間の区別はそれほど明らかではありません。例えば、あなたが自動車を買おうとしているとしましょう。あなたは自動車の燃費や価格や安全性などに関心があります。原理的には買いたい車を買えばよいのですが、そのためには買える車の集合を大きくとって、すべての要素を効用関数に入れてしまう必要があるでしょう。でも、この作業をするためには数理的な意味で各要素のトレードオフをどうするかを知らなくてはなりません。燃費を1km/ℓ改善するためにどの程度の安全性を犠牲にできるとか、サイドエアバッグを付けるためにいくらくらい追加的に払ってもよいかなど、様々なトレードオフに直面するわけです。もしかしたら、好きな車を買うほうがこれらのトレードオフを数理的に計算するよりも簡単だと思うかもしれません。実際、いちいちすべての選択肢の組み合わせを比較できるようにしたり、すべての車に適応できるような数値化を行うことなしに、好きな車を選ぶことはできるでしょう。

しかし、もしあなたがどれが好きな車かわからなかったら、いくつかの目的を制約にしてしまうこともあり得ます。例えば、車には最低でもサイドエアバッグが付いていないといけないとして、その条件を満たす車を探して、効用関数にそれ以外の安全性の基準は入れないということもできます。また、値段の上限や燃費の下限を設定したうえで、その中で一番安全性の高い車を探すといったこともできるでしょう。

いくつかの基準を制約にしてしまうと、それらの基準はより重要になるのでしょうか。それとも逆に重要でなくなるのでしょうか。この点を見るために、2つの定式化の例を比較してみましょう。

(1) max (安全性)
　　条件：(価格) ≤ P

(2) min (価格)
　　条件：(安全性) ≥ S

どちらの定式化のほうがより安全性に配慮しているでしょう。

PとSの値に依存するというのが答えになります。例えば、Pが3000万円だったとしてみましょう。この場合、(1)の式を立てた個人は安全狂と呼ばれても仕方ないでしょう。この個人はおそらく戦車でも買うことになります。他方、もしPが30万円だったとすると、(1)はほとんど値段のことしか頭になく、命がけで節約をしている人間のように映るかもしれません。

効用関数は全ての基準を考慮に入れます。でも、それは妥協の余地を残しています。他方、制約は二者択一的です。制約を満たすか満たさないかだけが重要であって、妥協を認めない一方で、いったん制約を満たしてしまえば、どの程度満たしているかという問題は関係なくなるのです。

意思決定問題の定式化は、まずあるモデルを見て、自分自身の直観と照らし合わせ、定式化を変更するといったように、動的な過程にすることもできます。例えば、まず絶対に必要だという基準をいくつか拾いあげることから始めることもできます。アパートを探しているとして、まずは町の中心部にあって大きくて便利で安いところでないと駄目としましょう。すると、これらの制約を満たす選択肢は一つもないことに気づくかもしれません。そこで、いくつかの制約を緩めたり、効用関数のほうに移すというように妥協することを学ぶことになるでしょう。例えば、他の要望を満たすために中心部からどのくらい離れないといけないだろうか、といったことを考え始めるというように。

その際、できることと望ましいことの区別を頭に入れておくことが重要です。数理モデルにおいては、いくつかの効用の基準を「制約」と見なすことも有益です。しかし、これは選択肢を狭めて効用関数の特定化を簡単にするための便法であるということは肝に銘じておかなくてはいけません。

3.2　例：消費者問題

例として、支出が所得を超えない範囲で様々な財をどのくらい買うかを決めようとしている消費者について考えてみましょう。簡単化のために、2つの財しかないとします。意思決定変数は x と y の2つです。xは第１財の消費量で、yは第２財の消費量です。この消費者の所得はＩでp_x, p_yという価格に直面しているとします。つまり、第１財１単位はp_x円、第２財１単位はp_y円の費用がかかるわけです。

ここで価格も所得も意思決定変数ではないという点に注目しましょう。これらの値は、言ってみれば、式の中の「できること」の側に位置するものです。この消費者にとっては値段は安いほうがいいし、所得は高いほうがいいのですが、これを期待するのは希望的観測というものです。

おそらくこの制約はきつすぎるでしょう。消費者はもっと働こうと思えば、より高い所得を得られるかもしれません。買えば買うほど安くなる、つまり沢山買うことで割り引いてもらい、単価を下げることができるかもしれません。市場価格にさえ影響を及ぼすことができるかもしれません。もし全ての消費者が第１財をもっと買おうとすれば、第１財に対する需要は上昇し、p_xの上昇につながるでしょう。したがって、どの消費者も価格に影響を及ぼさないと仮定してしまうと、総需要に価格が影響されないという妙な話になってしまいます。

これらの反論は制約付き最適化の例として出されたモデルにはあまり関係ないものですが、社会科学のモデルの使い道を考える際には示唆に富んでいます。第一に所得を考えてみましょう。確かに、消費者はどのくらい働くかを決めることができるし、労働経済学では正にこのことが中心課題になります。標準的な対処法は、消費者の所得が余暇——１日24時間——で与えられており、それを賃金率（時間当たり賃金）で金額に換算するというものです。何時間働くかを決めることで、何時間の余暇（24時間マイナス労働時間）を消費したいかを決めることになるわけです。つまり、１日24時間から彼女が決めた１日の労働時間を引いた数字になります。こうすると、モデルで余暇の消費時間と金銭所得の他の財への配分の問題を同時に扱うことができます。したがって、きつい仮定を置いているように見えた問題が単に余暇という財を導入するだけで満足のいくものとなったわけです。これは理論とパラダイムの二元性の極めて些細な例です。額面通り受け止めると一見不適切な数理モデルも、問題を概念化する一般的な方法に再構成することができます。同様の概念化を少しだけ一般的な設定にすることで、モデルをよりもっともらしいものにすることができるのです。

次に、このモデルは消費者が価格に何の影響力も持たない――すなわち、プライス・テイカーである――と仮定しています。もちろん、この仮定は当該市場にいる消費者の数が極めて少ない場合には、当てはまりません。しかし、多くの消費者がいて、だれも価格に大きな影響を及ぼしていないような多くの問題においては、一人ひとりの価格への影響力は無視しうるものになります。物理学でも、現実の問題を解くときには（摩擦のような）２次的な重要性しか持たない効果を無視することがありますが、それとやや似たところがあります。私たちが実際の現象を扱うために数理モデルを構築する際にはいくつかの仮定を置くことになりますが、これらの仮定は常に批判され得ます。問題となるのは、モデルが完璧に正確か否かではなくて、いま考察している現象のよき近似になっているか否かなのです。

最後に買えば買うほど安くなるという問題を考えてみましょう。この問題は無視し得る効果しかないかどうかは明白ではありません。それでも、私たちは現行モデルを分析し、モデルからどのような定量的な洞察が得られるかを見て、そのうえで非現実的な仮定がどこまで影響しているかを問うことができます。望ましいのは、これらの非現実的仮定が少々変わっても得られた結果や洞察が大して変わらないという頑健さです。この頑健さの程度はより一般的な仮定の下でなされた予測を検証することで立証していくことができます。そのような研究は複雑すぎて行えず、私たちの直観的な推論に訴えることしかできない場合もあるでしょう。この場合、私たちは当初の数理モデルとは独立に、言葉で説明することができるほど十分に理解していると感じる洞察に焦点を当てようと試みることになります。研究者たちはしばしば、数理モデルはそのような結果の候補を探すための道具にすぎず、極めて特殊な仮定の下でしか成り立たないような結果から頑健な洞察を見つけ出すような直観的な推論がなくてはならないと感じているのです★1。

3.3　限界性の原理

ある財の限界効用とはその財の消費量の増分に対する効用の増分のことです。もし私が100本のバナナを食べて、もう1本を食べるとき、101本のバナナと100本のバナナの効用値の差が私にとっての限界効用になります。限界効用は、消費量を1単位増やしたときの（1単位の変化が十分小さい変化だとして）効用の変化分と考えることができます。ある人が1軒の家を所有していて、2軒目を買うことを考えているとき、この2軒目の家の限界効用を考えることはできます。でも、これは多くの経済学者が**限界的**という言葉を用いるときに頭に描いている状況とは異なります。実際、「限界的」という用語は典型的には微少な変化のことを指し、**限界効用**は財の量で効用関数を偏微分したときの微係数の値を意味します。「偏微分」という言葉が難しいようなら、財の量の小さな変化を考えて、効用の増分と財の増分の比をとると考えればよいでしょう。

限界効用を偏微分、小さな変化、大きな変化のどれで考えようが、この限界効用がすでに持っている量——いま変化させている財や他の財の保有量——に依存して変わるという事実は受け入れたほうがよさそうです。とくに通常、ある財の限界効用はその財の保有量に関して減少するという仮定が置かれます。すなわち、バナナが0本から1本に増えるときの効用の増分のほうが、100本から101本に増えるときの効用の増分よりも大きいということです。そして、もしバナナをストロベリー・バナナ・ミルクシェイクに入れたいのなら、バナナの限界効用はイチゴの保有量にも依存することになります。一般にある財から得られる限界効用は――効用と同じように――全ての財の数量の関数となっています。

ここで効用関数には測定の問題があって単一のものには決められないことを思い出す方もいるかもしれません。例えば、測定単位を変更すれば、効用関数に正の数をかけることになります。このような変換は限界効用も変換してしまいます。したがって、限界効用は観察上は単一のものに定まらないことになります。幸いなことに、限界効用そのものではなく、限界効用の比を考えると、効用関数にこのような変換を施しても変化しない限界的な概念を作ることができます。

限界効用で記述される限界性の原理は最適解と密接に関連しています。したがって、限界性の原理は解を探し出すにあたって、極めて強力な道具になります。より具体的にはある仮定の下で（付録B参照）、次の条件を満たす値は最適解になります。それぞれの財について、限界効用と価格の比が均等化する、ということです。

この条件を理解するために、まずは数学的に書いてみましょう。u_xを第1財の限界効用とします。すなわち、u_xは第1財（x）が1単位増えたときの効用の増加分（u）です。同様にu_yを第2財の限界効用とします。限界性の条件は次のようになります。

$$\frac{u_x}{p_x} = \frac{u_y}{p_y}$$

この条件を経済学用語で解釈すると次のようになります。仮に2つの財に私の予算を適当に振り分けたとしましょう。そのときにもう少し第1財を買い増すことを考えます。私の予算はすでに全額振り分けてあるため、第1財を買い増すためには第2財を減らさないといけません。1ドル分の予算を第2財から第1財に振り替えたとしましょう。このとき、第2財の消費が減ったことによりどの程度効用が減少し、第1財の消費が増えたことによりどの程度効用が増加するでしょうか。

第1財から考えてみます。価格 p_x のとき、1ドル余分に使えば $\frac{1}{p_x}$ 単位の財が余分に買えます。この増加分によって効用はどのくらい増加するでしょうか。限界効用は u_x なので、$\frac{1}{p_x}$ 単位だけ量が増えたことによる効用の増加分は、

$$\frac{1}{p_x} \cdot u_x = \frac{u_x}{p_x}$$

となります。

次に第2財の消費が減ったことによる効用の減少分はどの程度になるでしょうか。同様の議論により、第2財への支出が1ドル減ると、第2財の消費量は $\frac{1}{p_y}$ 単位だけ減少します。限界効用が u_y なので、効用の減少分はおよそ

$$\frac{1}{p_y} \cdot u_y = \frac{u_y}{p_y}$$

となります。さて、もし

$$\frac{u_x}{p_x} > \frac{u_y}{p_y}$$

であるならば、この振り替えは報われることになります。1ドル余分

に第１財に支出したことから得られる効用の増加分が、第２財への支出が１ドル減ったことによる効用の減少分を補って余りあるからです。この振り替えによって効用が増加するため、元の支出配分は最適ではなかったということになります。明らかにもし、

$$\frac{u_x}{p_x} < \frac{u_y}{p_y}$$

であるならば、逆に１ドルを第１財から第２財に振り替えることで効用を増加させることができます。この場合もまた、元の支出配分が最適ではなかったということです。

どちら向きの不等号であっても最適解ではないことを意味するので、

$$\frac{u_x}{p_x} = \frac{u_y}{p_y}$$

という等式――すなわち限界性の条件――が最適解を探し出すのに役立つことになります。ただし、この等式が最適解の十分条件になるためには追加的な条件が必要となることを最後に記しておきます。

II

リスクと不確実性

Chapter 4

期待効用

4.1　実 例

保 険

私が100万円の自動車を持っているとしましょう。さらに1年間でこの自動車が盗難に遭う確率を1％と見積もっているとしましょう。盗難保険を買うと、年間の保険料2万円で免責なしにこの損失を防ぐことができます。このとき、保険を買うべきでしょうか。

損失が発生するかどうかはもちろんわかりません。これはリスクがある下での問題であり、損失は**確率変数**と呼ばれます。確率変数は異なる値をとり得ます（だから変数なのです）が、その値が何になるかはわかりません（だから確率という用語を用いるのです）。この例における「損失」という確率変数は0円か100万円のどちらかの値をとります（「損失がない」状況は0円の損失と見なします）。事象は2つのうちどちらかであり、0円が99％、100万円が1％の確率で生じることになります。

確率変数に関する情報を要約する一つの方法は**期待値**を計算することです。期待値とは、とり得る全ての値を確率で重み付けした加重平均です。この例では、期待損失額は、

（1％×100万円）+（99％×0円）＝1万円

となります。

したがって、1万円が期待損失額になり、保険料2万円のほうが高いことになります。このとき、保険を買うのはよくないという結論になるのでしょうか。

くじ

アメリカでカジノに行ってルーレットをしようか考えているとしてみましょう。50ドル払えば、1/37の確率で1,000ドル手に入ります。それ以外の場合、すなわち36/37の確率で50ドルを失うことになります（0ドル）。ルーレットをすべきでしょうか。

先ほどと同様に期待値を計算すると、

$$\left(\frac{1}{37} \times 1{,}000\text{ドル}\right) + \left(\frac{36}{37} \times 0\text{ ドル}\right) \cong 27\text{ドル}$$

となります。明らかに期待獲得額は費用である50ドルよりも低くなっています。このとき、ルーレットは止めるべきでしょうか。

4.2 期待値最大化

どちらの例でも答えは否です。意思決定問題において期待値を最大化せよというような規則はありません。期待値は確率変数の分布をある数値によって集計する一つの方法にすぎません。それは簡単で直観的な値ではありますが、それを最大化することだけが合理的であるとは限らないのです。

そうだとしたら期待値とは何なのでしょうか。まずは準備が必要です。ただし、もし次の2つの小節がテクニカルすぎると感じたら飛ばしてもかまいません。逆に十分にテクニカルでないと感じたら付録Aを参照してください。

4.2.1 i.i.d. 確率変数

確率変数の集合が**同一かつ独立分布**（identically and independently distributed, i.i.d.）であるとは、(1) 各確率変数が同一の分布を持っている――同じ値をとり得て、かつどの値も同一の確率でとる、(2) 全て独立である――元の集合のどの部分集合の実現値を知っていたとしても、残りの確率変数に関する情報が増すわけではない、すなわち〈他の確率変数の値を所与としたときの**条件付き**分布が元の、何も知らない状態での分布と同じである〉ときをいいます。

直観的には、i.i.d. 確率変数を観察すると、あたかも同様の条件の下で繰り返し行われている試行や実験を観察しているように見えます。最初の実験に関する予想は2番目の実験に関する予想と同じものになるし、3番目、10番目、17番目に関しても同様です。重要なことは、最初の実験の結果がわかってから2番目の実験をする場合でも、2番目の実験に関する当初の予想は変わらないという点です。これが独立という意味です。同一という意味は、2番目の実験に関する予想が、最初の実験の結果に影響を受けることなく、最初の実験に関する予想と同じものであるということです。

i.i.d. 確率変数は統計では極めて重要なものです。サンプリングや統計的推論は通常 i.i.d. の変数を観察するという仮定の下になされています。この概念が強力な理由の一つは大数の法則（law of large numbers, LLN）から来ています。

4.2.2 大数の法則

大数の法則とは、多くの i.i.d. 確率変数の平均――この平均自体、確率変数である――が確率変数の期待値に確率1で収束する、というものです。付録Aは確率変数の平均、期待値、そして「確率1で」

という表現の正確な意味を説明しています。重要な点は、i.i.d. 確率変数の平均は個別の確率変数と比して不確実性の度合いが小さいということです。たとえ確率変数自体が非常にばらつきのある様々な値をとるとしても、それらがi.i.d. であるならば（そしてそれほどばらつきがひどくなければ）、平均をとってしまえばばらつきがならされてしまうのです。

保険の例ではそれぞれの自動車の所有者が損失に直面していて、それが次のような確率変数で表されると仮定しました。

値（万円）	確率
0	.99
100	.01

期待損失額（万円）は、

$$(.99 \times 0) + (.01 \times 100) = 1$$

になります。これは値と確率を掛け合わせて全ての行を足したものです。多くの自動車の所有者がいるとして、それぞれの所有者が同一の分布を持つ損失に直面していて、かつそれらの損失が独立であると仮定しましょう。すなわち、他のだれが損失を被ろうと、自分自身の損失に関する予想を変えることはしないということです。このとき、多くの所有者の損失が平均に加われば加わるほど、平均損失が１万円に近くなるという予想が確実なものになっていきます。

論理的には平均が１万円とかけ離れることもあり得ないわけではありません。例えば、論理的には全ての自動車が盗難に遭い、平均損失が100万円になることもあり得ます。同様に盗難がゼロで、平均損失が０円になることもあり得ます。さらに言えば、自動車の数が増えても平均がまったく収束しないこともあり得ます。しかし、これら全ての異様な結果を足し合わせても起こる確率はゼロに近づいていくのです。したがって、実用上は平均が期待値から大きくは外れないとしてしまってかまわないのです。

4.2.3 期待値の実用上の意味

これで保険の問題における期待損失額やルーレットの問題における期待獲得額の意味について議論できるようになりました。

もし私たちが多くの同一かつ独立な問題について保険契約や賭けの戦略を考えるのであれば、そしてもし私たちが利得の合計額（ないし平均額）に関心を持っているのであれば、最も高い期待値を与えてくれる戦略を選ぶべきです。これは保険会社が行っていることと同じです。保険会社は同様かつ独立と言ってよいような多くの顧客を有しているので、大数の法則のおかげで平均的な保険金額が平均損失額にかなり近いと予想することができます。したがって、保険料を平均損失額よりも高く設定することでほぼ確実に正の利潤を得ることができるのです。しかし、このことは確率変数がほぼ i.i.d. に近い――もう少し正確に言うと、おおよそ独立で似たような期待値を持っている――という仮定に決定的に依存しています。例えば、地震保険を考えると、保険金額は顧客間で独立とは言えないでしょう。だれかが地震保険の保険金を請求するなら、ほぼ確実に他の多くの人も保険金を請求することになります。この場合は、大数の法則が成立するための前提が崩れるために、保険会社は総額としてもリスクを負うこととなってしまうのです。

同様の論理はカジノの場合にも働きます。もしカジノが同じゲームを独立してプレイする多くの顧客を持っているなら平均獲得額は期待獲得額に極めて近くなることを実用上は予想することができます。ショバ代を期待獲得額よりも高く設定することで、カジノ側はほぼ確実に儲けることができるのです。しかし、これは例えば、１人の顧客しかいない場合や、全員が一斉に同じルーレットの同じ回でプレイする場合には当てはまりません。

大数の法則は確実にある値をもたらすための装置と見なすこともできます。それは多くの確率変数を使ったり、それらを足し合わせたりすることでなされます。確率変数が同一かつ独立に分布しているのなら、個々の不確実性は平均の不確実性には結びつかないことになります。むしろ、不確実性は消え去り、平均は不確実性に服さないことになるのです。しかし、確率変数の数が不十分だったり、独立とはほど遠かったりすると、大数の法則は当てはまりません。この場合には、保険会社やカジノは個々の意思決定者同様、集計された不確実性に直面することになります。そうすると、期待値を意思決定の唯一の基準として、それだけに着目する理由はなくなってしまうのです。

4.3　期待効用最大化

18世紀半ばに、ダニエル・ベルヌーイは人々は期待値ではなく期待効用を最大化するのではないかと述べました。すなわち、彼はもし私たちが人間行動を予測したければ、様々な選択肢の金銭額の期待値を計算する代わりにこれらの金銭から得られる効用の期待値を計算したほうがよいと述べたのです。

効用を加重和に導入すると、自由度が増します。期待効用の最大化は期待値の最大化よりも多くの現象を説明することができます。とくに保険とカジノの例は期待値最大化とは矛盾しますが、期待効用最大化とは整合的です。

それでも、なぜ人々が、効用関数を含むにせよ含まないにせよ、他の式ではなく、期待効用を最大化すべきなのかは明らかではありません。また、現実に人々が効用関数の期待値の最大化を図るかのように行動すると仮定することが妥当か否かも明らかではありません。期待効用最大化の理論は、期待値最大化の理論よりも一般的ではありますが、期待効用最大化が——記述的にせよ規範的にせよ——意味をなすか否かはこれだけではわからないのです。

4.3.1 フォン・ノイマン＝モルゲンシュテルンの定理

この混乱を収拾するには公理論的アプローチが必要です。第2章で述べたように、理論上の概念を観察に結びつける公理は特定の理論を通して物事を見る際に極めて有用です。良かれ悪しかれ、期待効用最大化などの特定の理論が実際に意味することを知っておくことは、その理論が記述的にせよ規範的にせよもっともらしい理論か否かを判断する際に必要なのです。

そのような公理化は1940年代にジョン・フォン・ノイマンとオスカー・モルゲンシュテルン（vNM）によってなされました★1。彼らはゲーム理論を創始し、そこでプレイヤーが結果の上の分布に直面しているときには期待効用を最大化するという仮定を置いたのです（第7章参照）。vNMはこの仮定を公理的に正当化しました。すでに確実性下での意思決定のところで述べた完全律と推移律の他に、もう2つの公理が用いられました。一つは連続性の公理で、こちらは数学的に必要なものとされました。もう一つのより本質的な公理が独立性の公理と呼ばれるものです。大まかに言うと、この公理は2つの2段階のくじがあって、ともに共通の部分があった場合には、意思決定者がこの共通部分を無視して、あたかも共通部分が起きることはないと考えて選択を行っても、選択結果には影響を及ぼさないというものです。このvNM定理は付録Bで数理的に取り扱っています。現時点では、期待効用最大化は数学者によって発明された単に美しい意思決定ルールなのではなく、行動を記述する用語を用いて説明することができるということがわかってさえいればよいでしょう。

4.3.2 効用が唯一に定まること

確実性下の効用最大化の議論の中で、効用関数は多くの自由度を持つという話をしました。効用関数は、増加変換を施しても同じ意思決定者の選択を記述できるという意味で序数的です。例えば、全ての効用値を2倍にしたり3乗したりすると、関数は変わりますが、その最大化は元の関数の最大化と観察上同じ意味を持ちます。

期待効用最大化の場合は少し状況が異なります。全ての効用値を2倍してもくじの間の比較の結果は変わりませんが、3乗してしまうと変わってしまうのです。実際、vNM定理の一部は関数の唯一性の程度に関するものです。いったん効用関数が見つかると、それにどのような数字を足してもかまわないし、正の数をかけてもかまわないのですが、それ以上のことをすることはできません。それ以外の変換をしてしまうと、2つの選択肢PとQを見つけてきて、元の関数ではPの期待効用のほうがQのそれよりも高いのに、変換後の効用関数ではQのほうがPよりも高いとすることができてしまうのです。したがって、もしデータがリスクのある選択肢に関する選好を含んでいて、効用関数の期待値が選択を表すのに用いられているのであれば、効用を通常温度に関して行っているのと同程度まで絞り込むことができます。増加する線形変換は摂氏や華氏やケルビンで測られた温度間の変換に用いられますが、vNM効用関数に適用できる変換はまさにそれと同一の変換なのです。

重要なことは、結果xとyの間の効用の差がyとzの間の差と等しいと言ったとすると、それは観察可能な意味を持つということです。このとき意思決定者にとって、確実にyを得るという選択肢とxとzを50%ずつの確率で生み出すくじとは無差別になります。したがって、これら２つの差が等しいということは、他の効用関数でも満たされなくてはならないことになるのです。

そういうわけで、意思決定者の効用関数を実際に見つけようとするなら、よりよい選択肢に高い数値を割り当てるかぎり、２つの選択肢の効用値を任意に選ぶことができることになります。これら２つの数字は０と１であろうが、２と17であろうが、−5.6と23.5であろうが関係ありません。重要なのは２番目の数字が最初の数字よりも大きいということだけです。しかし一度これら２つの数字を選んでしまうと、他の全ての選択肢の効用の値は唯一に定まることになるのです（4.4節参照）。

4.3.3　リスク回避

保険の例を再び考えてみましょう。もし期待値を最大化するならば、保険は買うべきではありません。このことは保険料が期待損失額よりも高い場合には常に成り立つことです。通常の保険契約はそのようになっています。保険会社は大数の法則に従って平均的な保険金請求が期待損失額と同程度になることを仮定しています。そのうえで保険料を期待損失額よりも高くして他の費用を賄うとともに利潤を生もうとしているのです。もし保険会社が保険料を期待損失額よりも低く設定してしまえば、他の費用はもとより保険金請求に見合う収入をあげられません。このことは必ずしも保険会社が常に期待損失額よりも保険料を高く設定していることを意味するわけではありませんし、たまには確率の推定に失敗する可能性もあります。でも、生き残っている保険会社はこの手の失敗を多くはしないだろうと予想がつきます。

そういうわけで、ほとんどの場合、保険を購入するときは期待損失額よりも高い保険料を払っているのです。私たちは期待値の最大化では説明できませんが、期待効用の最大化で説明できるような行動を採っているのです。そうする理由は私たちがリスクを好まず、保険会社に代わりにリスクを負ってもらうために余分に払うことを厭わないからです。この種の行動をリスク回避と呼びます。より正確には、意思決定者が**リスク回避的**であるとは、金銭的な利得をもたらすくじと、そのくじの期待値を確実にもらえる場合を比較すると、後者のほうを選ぶようなときをいいます。例えば、リスク回避的な人は、表と裏が等確率で出るコインで1,000円賭けようと言われても断るでしょう。彼は等確率で1,000円獲得か1,000円損失かが決まる状況よりも確実に期待値の0円を得るほうを好むでしょう。保険の例では、99%の確率で損失が0円になり1%の確率で損失が100万円になる状況よりも、1万円を確実に払うほうを好むでしょう。そのような人の中にはリスクを冒すよりはより多い損失額（ないし支払額）——例えば2万円——であっても確実なほうを好む人もいるかもしれません。

期待効用最大化を行う人がリスク回避的であることとその人の限界効用の値が金銭額の減少関数になっていることとは同値になります。これは、すでにx円持っている状況から1円増えたときの効用の増分が、xが高いほど小さくなるということを意味します。数学的には、効用関数が凹であることに対応します（付録B参照）。

リスクに対する態度が反対の場合も考えることができるでしょう。すなわち、あるくじとそのくじの期待値を考えたとき、くじのほうを好むような場合です。この種の行動を**リスク追求的**と呼びます。これは限界効用が金銭の増加関数になっている、あるいは効用関数が凸であることに対応します（付録B参照）。

カジノのルーレットに賭けるときの行動はリスク追求的（ないしリスク愛好的）行動です。確実に持っている金額から始めて、その金額よりも期待値が小さくなるようなくじに置き換えるのです。どうして賭けの期待値が元の金額よりも低いとわかるのでしょうか。もしかしたら期待獲得額はショバ代よりも高いかもしれないのでは？　答えは、もしそうなら大数の法則によりカジノは損してしまうからそんなことにはなっていない、というものです。カジノは利潤をあげているのですから、ほとんどの賭けでは、期待獲得額はショバ代よりも低くなっていると仮定するのが道理でしょう[★2]。

ある人が保険を買って賭けごともする場合、その人はリスク回避的でしょうか、それともリスク追求的でしょうか。答えは明白ではありません。その人はどちらでもないかもしれません。ある部分では限界効用が減少していて、ある部分では増加しているかもしれないからです。また、もしかしたら金銭で測った期待効用だけでは測れない賭けごとの楽しみといった要素があるのかもしれないのです。モデルが見過ごしているかもしれないものを見つけるために、賭けがより早くできるような状況を考えてみましょう。例えば、ギャンブラーが一晩をカジノで過ごす代わりに最終的な獲得額をカジノに入って出てくるだけで得られるような状況を考えます。おそらく、多くのギャンブラーはこれではあまり楽しくないと思うに違いありません。典型的には、興奮することも楽しみのうちだからです。だとすれば、賭けごとを記述する場合には金銭上のくじを考えるだけでは不適切ということになります。モデルは、効用を決定する要素はすべて最終的な結果に表れているということを暗黙裡に仮定しています。もしギャンブラーが賭ける過程そのものを楽しんでいるとしたら、この経験も結果の中に記述しなくてはならないのです。

経済学における標準的な仮定は、人々はリスク回避的であるというものです。多くの問題では簡単化のために人々が**リスク中立的**である――金銭的期待値を最大化する――と仮定することもあります。これは効用関数が金銭額の線形関数になっている状況で期待効用を最大化することと同値です。このような行動はリスク回避的な行動の極端な場合と見なすこともできます。しかし、リスク追求的な行動は経済モデルでは滅多に仮定されません。

4.3.4 プロスペクト理論

心理学では、少なくとも記述論的な応用において、vNMの公理が一貫して満たされない証拠が多数あがっています。とくに有名なプロスペクト理論において[★3]ダニエル・カーネマンとエイモス・トヴェルスキーは、人々が行動する際に小さい確率を過大評価する傾向があることを示しました。すなわち、人々は小さい確率に対し、あたかもそれが知られているよりも大きい確率で起こるかのように反応するというのです[★4]。

プロスペクト理論が古典的な経済理論から本質的に外れているのは、人々は資産の絶対額そのものではなく資産額の変化に反応するとした点です。具体的には、意思決定者は基準点を持っていて、その基準点を元に資産額と獲得額ないし損失額とを分けて考えるというのです。意思決定者は基準点が異なれば、同じ資産の絶対額であってもそれに応じて異なる意思決定をするといいます。カーネマンとトヴェルスキーはリスク回避的な行動は獲得額の領域では典型的な現象として見られる一方で損失額の領域ではリスク追求的な行動が見られると主張しました。彼らは損失の回避の場合、確実に少額の損失で済ませるよりも大きな損失のリスクを冒す方向に働くと主張したのです。

基準点を境に獲得額と損失額を区別するという方法は古典理論の公理そのものを満たしていないわけではありません。むしろ、それは古典理論が暗黙裡に置いていた、最終結果のみが重要であるという仮定がきつすぎることを示しているのです。

プロスペクト理論は長い間経済学者に無視されていましたが、近年になって注目を集めるようになってきました。それでもまだ、期待効用最大化は記述的な目的では有効な第一次近似であると同時に規範的な観点からも強力な理論であると、多くの経済学者に考えられています。社会科学における他の具体的なモデル同様、期待効用最大化の理論は現実の完璧な記述とはなり得ません。それは現実の行動を近似するために用いられるかもしれませんが、それが駄目なモデルとわかっているような応用問題に用いることには慎重になったほうがよいでしょう。さらに言えば、分析後に仮定に立ち戻って結論がモデルの妥当性に依拠しているか否かを問うかぎり、定性的な結果を導くための道具として期待効用を用いることができるのです。

4.4　効用の導出

あなたが2つの確率変数のうちどちらかを選ぶよう言われたとしましょう。一方の確率変数の分布はPで与えられ、2番目のものはQで与えられたとします。

x（円）	P	Q
0		.15
50	.30	
100	.30	.35
150	.35	.30
200	.05	.20

PとQ（を分布として持つような確率変数）のうちどちらを好むでしょうか。おそらく、わからないでしょう。これは複雑です。Qは確率15%で0円となってしまいます。一方、Pは正の利得を保証してくれます。逆にQは最大の利得である200（円、以下同様）をもたらす確率が高くなっています。どうやって選べばよいのでしょうか。

vNM定理は一つの方法を提案してくれます。4.3.1節ではvNM公理を大雑把にしか記述しませんでしたが、付録Bを読んで規範的な観点からそこの公理を受け入れた――すなわち、それらの公理を満たすような行動をしたい、公理から外れないような意思決定者になりたいと思った――としましょう。このこと自体はPとQの間の選択について何も教えてはくれません。vNM 公理を満たす方法は数多くあるからです。実際、定理は、あなたの選択が何らかの（効用）関数の期待値の最大化と整合的でありさえすれば、そしてそのときのみ、公理が満たされると言っているだけであって、どの関数を選ぶべきかには触れていないのです。公理を満たしたいだけならば、どのような関数でもかまわないわけです。

しかし、この定理は極めて多くの構造を持っているので、単純な状況で選好を定め、それを複雑な状況に拡張するのに役立ちます。もしあなたが3つの結果だけを含む2つのくじの間の選好を知っていれば、それだけで全てのくじの間の選好を唯一のものに定めることができます。さらに言えば、確実にある結果が生じる状況と2つの結果が確率的に生じる状況との間で選好を決めることさえできれば十分であることも示されます。どういうふうにこれができるかを見ていきましょう。

おそらく、金額が多いほうがいいですよね。とくに200のほうが0よりも望ましいのは確かそうです。これら両極端の結果に対し、効用値を次のように割り当てましょう。

$$u(200) = 1$$
$$u(0) = 0$$

さて、ここでもう一つ別の結果、例えば100を考えてみましょう。その効用値 $u(100)$ は2つの極端な値の間にあると考えるのがもっともらしいでしょう。すなわち、

$$0 = u(0) < u(100) < u(200) = 1$$

となります。でも、どの辺りになるのでしょうか。例えば0.5より大きいのでしょうか、小さいのでしょうか。

これを簡単に見つける方法があります。100が確実にもらえる状況と200を0.5の確率でもらえ、そうでなければ0となってしまうようなくじを比較してみましょう。このくじの期待効用は、

$$(0.5 \times u(0)) + (0.5 \times u(200)) = (0.5 \times 0) + (0.5 \times 1) = 0.5$$

となります。それに対し、100を確実にもらえる状況は効用 $u(100)$ を保証します。すなわちこのときの期待効用も $u(100)$ となります。

もしくじのほうを好むとしたら、そしてもしあなたが期待効用最大化をする人だとしたら、あなたの効用関数は

$$u(100) < (0.5 \times u(0)) + (0.5 \times u(200)) = 0.5$$

を満たすことになります。他方、100を確実に得るほうを好むのであれば、逆の不等号が成立することになります。両者が無差別ということもあり得ます。この場合は、$u(100) = 0.5$ となります。この場合はあなたの100の効用値を見つけたことになります。

それほどうまくいかなければ、私たちは同様の試行を繰り返すことで効用値を探していくことになります。もし、確実に100を得るほうを前述のくじよりも好むのであれば、$u(100) > 0.5$ だとわかります。では、あなたの100の効用は0.6よりも高いのでしょうか、低いのでしょうか。これを確かめるためには、100を確実に得る状況と、200を0.6の確率で得て、残りの確率で0となるようなくじを比較してどちらが好ましいかを調べればいいのです。もし、後者のほうが好きならば、$u(100) < 0.6$ となり、次に $u(100)$ と0.55を比べるというように

続けていきます。反対にまだ確実な状況のほうを好むのであれば、$u(100) > 0.6$となり、続いて100を確実に得る状況と200を0.7で得るくじとを比較します。この作業を続けていけばどこかの段階で、100を確実に得る状況と200を確率pで得る（そして残りの確率で0を得る）くじとが無差別になるでしょう。そのとき、私たちは$u(100) = p$とおくことができるのです。

こうして得た100の効用値pは、正の確率で100を得るようなすべてのくじにおいても——それが他に1つないし2つの金額を含んでいようが、15個の異なる金額を含んでいようが——用いることができます。そして、100の代わりに50や150を用いて同様の作業をすることができ、それを通じて$u(50)$と$u(150)$の値を定めることができます。これらを一度定めてしまえば、vNM公理に従うかぎり、PとQの順序を決めることができるのです。

この作業のポイントをまとめましょう。もしあなたが効用最大化（ないしvNM公理）を規範として受け入れるのならば——すなわち、あなたがこの理論から外れないような意思決定者になろうというメタレベルの意思決定をするならば——単純な状況から積み重ねていくことで複雑な状況における意思決定を行うことができます。おそらくあなたはいくつかの状況においてはきちんとした選好を持つでしょう。問題がどんどん複雑になっていけば混乱が生じることは疑いようがありません。期待効用最大化の理論は単純な状況から複雑な状況へとあなたの直観を拡張していく際に有益なのです。

4.5 単純から複雑へ

先ほどの作業は、公理を規範的な意味で用いるときには原則としていつでも行えます。しかし、理論上の概念を唯一のものに定めるだけの構造がある問題のほうが、公理を有益に使うことができます。この点を見るために、vNM定理を用いた前節の作業を第2章の効用最大化と比較してみましょう。姉妹の会話の中でバーバラはアンが効用関数を最大化すべきだと説得することに成功しました。でも、会話の最後でアンは答えに近づいているかどうかわからないと言います。（確実性下での）効用最大化と（リスクがある下での）期待効用最大化との間には、前者よりも後者のほうで導出が有益な作業となるような2つの関連する違いがあるのです。

第一に、期待効用最大化では、効用値と確率のかけ算とその答えの足し算、およびそういった足し算同士の比較がなされます。それに対して、効用最大化は数値を比較するだけです。したがって、期待効用最大化のほうが効用最大化よりも数学的な構造を持っています。また、期待効用最大化においては、単純な問題でも複雑な問題でも十分な構造があるため単純な問題から複雑な問題へと直観を拡張していくことができます。それに対して、アンの意思決定問題ではすべての2つ組の間の比較はどれも同様に単純（ないし同様に複雑）なのです。

第二に、期待効用最大化では2つのパラメタの値を定めれば後の数値は唯一に定まります。したがって、私たちは一つの単純な問題における効用関数を測定した後に、そこで測定された数値を複雑な問題において使うことができます。そのような作業はアンの意思決定問題ではそれほど簡単ではありません。そこでは、ある自由なパラメタの値を固定したとしても、効用関数のあり得る範囲が定まるだけであって、他の選択肢の値を唯一のものに定めることにはならないのです。

いくつかのコメントをしておきます。第一に、より複雑な構造を持つことと、パラメタの数値が唯一に定まることは同値ではありません。私たちは、パラメタを唯一に定めないまま単純な問題や複雑な問題が入り組んだような数理モデルを持つことができます。他方で単純なモデルでさえ、ときにはパラメタを唯一に定められることもあり得ます。

第二に、単純な問題や複雑な問題を定義するのに十分な構造があったとしても、単純な問題に対してよりよい直観が働くとはかぎりません。例えば、パリとロンドンの生活を比較してみましょう。これら2つの都市は様々な点で異なっています。このような問題は単純な問題と複雑な問題を定義するのに十分なだけの構造を持っています。とくに、パリに住むのがよいか、パリと他は全て同じだがみんなが英語を話す点だけが異なっているような仮想的な都市――イング＝パリという都市――に住むのがよいかという仮想的な比較をすることもできるでしょう。この問題において他の基準と独立に、言語に関する明瞭かつきちんと定めることのできる選好を持つことはあり得ます。そして、その場合にはこの問題に答えるのは容易かもしれません。しかし、あなたは反対にこう言うかもしれないのです。「イング＝パリがどんな感じかはわからない。想像しづらいのです。それに対し、実際のパリと実際のロンドンならどちらが好きか直観が働きます」と。

最後に、問題に明示的な構造がなくても、そしてまた唯一性が満たされていなくても、公理は選好を作るのに有益かもしれません。例えば推移律があればいくつかの比較をしなくてすみます。もし x が y よりもよくて、y が z よりもよいならば、x と z を比較しなくてもよくなるのです。

これらの制約にもかかわらず、唯一の数字による表現を生み出す公理化は、複雑な問題で使用するために単純な問題での表現を測定する際に有益なのです。

Chapter 5

確率と統計

5.1　確率とは何か

ナターシャ：今はアパートの買い時ではないと思うわ。

オルガ：あらそう、なんで？

ナターシャ：住宅市場が下がるんですって。

オルガ：本当？　確実に？

ナターシャ：えっと、確実ではないわ。もし確実に下がるってわかっていたら、市場はすぐに下がってしまうもの。

オルガ：だから？

ナターシャ：確実ではないけれど、かなり高い確率でね。

オルガ：どのくらい？

ナターシャ：80％くらい、だと思うわ。

オルガ：80％？

ナターシャ：ええ、それが妥当な推測だと思うわ。

オルガ：どういう意味？

ナターシャ：あなた、80％が何を意味するかわからないの？

オルガ：馬鹿なこと言わないで。80％の意味くらいわかるわ。80％の確率が何を意味するのかがわからないのよ。

ナターシャ：もしあなたが確率が何かを知らないなら、付録Aを読むといいわ。アンはそこに全部とてもわかりやすく書いてあると言っていたわ。

オルガ：アン？

ナターシャ：ええ。関数が何か知らなかった第2章に出てくる女の子よ。

オルガ：それはありがたいお話だわ。確率の数理的モデルなら知っているわ。私のお父さんはコルモゴロフの弟子だったのよ。

ナターシャ：コルモゴロフ？

オルガ：コルモゴロフ。

ナターシャ：何でもいいわ。つまりあなたは確率が何かは知っているのね。遺伝子の中に組み込まれているというわけね。

オルガ：その通りよ。でも、私の質問はそうじゃないの。

ナターシャ：そうなの？　じゃあ、質問って何？

オルガ：実生活の中で住宅市場が下がる確率が80%ということが何を意味するか、を知りたいのよ。あなたがそう言ったとき、私に何を伝えたかったの？

ナターシャ：それがとっても起こりやすそうだ、ということを伝えたかったのよ。起こりにくそうというよりは起こりそう、ということをね。

オルガ：何となくわかるわ。70%みたいにね。

ナターシャ：ううん。もっとよ。

オルガ：でも、70%ってかなり起こりそうな数字よ。起こりにくそうというよりは起こりそうよ。

ナターシャ：何を言おうとしているのかわからないわ。

オルガ：つまりね、80%と70%の違いがわからないのよ。もちろん、例えば映画からの利益が70%とか80%とかいうのならわかるわ。でも、住宅市場が80%の確率で下がると言うのと70%の確率で下がると言うのとの違いはわからないのよ。

ナターシャ：80%が70%よりも起こりやすいのは明らかじゃない？

オルガ：ええ。でも、その数字が何を表すかということになると明らかではないのよ。もしあなたが自分の利益の80%を私にくれるとか70%をくれるとか言うのなら、あなたの利益と私の取り分を比べて割合が70%とか80%とか言えるわ。

ナターシャ：ええ？

オルガ：えっとね。たった今70%か80%かが正確な数字だということを調べる方法を話したわよね。でも、確率で同じことができるかどうか試してみようというわけよ。

ナターシャ：いいわ、続けて。

オルガ：一人のエコノミストが住宅市場が下落する確率が70%と言って、別のエコノミストが80%と言ったとするでしょ。で、結果を見るでしょ。そうしたら市場が下落していたとしましょう。このときどちらのエコノミストが正しかったと思う？

ナターシャ：80%と予測したほうかしら？

オルガ：でも、70%と言ったほうだって市場は下落する可能性のほうが高いと考えたのよ。

ナターシャ：ということは80%と言ったほうがもう一人のほうよりも「より正しい」ということかしら？

オルガ：えっとね。そこは何となくわかるわ。でも、歴史上たった1回しか起きない事象の確率の意味がわからないのよ。

ナターシャ：何回起こり得るのかしら？

オルガ：例を挙げましょう。私は保険会社に勤めているの。私たちは保険契約を売っているのよ。人々はうちにお金を払うの。もし何か悪いことが起きたら、うちが保険金を払うのよ。

ナターシャ：ねえ、保険が何なのかくらい知っているわ。私のお父さんはコルモゴロフの弟子ではなかったけどね。

オルガ：いいわ。で、うちは何か悪いこと——例えば強盗がアパートに押し入るといったこと——が起きる確率を推計するの。どうやるかって言うと、年間の強盗件数をアパート軒数で割るのよ。

ナターシャ：それで？

オルガ：そうやって確率が何を意味するかを理解するのよ。それはね、何かが起きる件数の割合なの。あるいは、少なくとも過去に起こった件数の割合なの。だから、一つの事例で確率が何を意味するかは理解できないのよ。

ナターシャ：住宅市場のような、ってこと？

オルガ：ええ。

ナターシャ：えっと、でも何となく似ていると思うわ。

オルガ：どういう意味？　私たちが多くのアパートに保険をかけているように、沢山の住宅市場があるってこと？

ナターシャ：そうじゃないわ。私たちは他の住宅市場で何が起こっているかから学んでいるの。でも、一つひとつは異なる事例よ。

オルガ：つまり、ロシアの市場は米国の市場とはまったく同じではないってことかしら？

ナターシャ：その通り。

オルガ：お互いに関連していないってわけではないわよね。米国の市場が下落したら、ロシアの市場についても問いかけ始めるわ。

ナターシャ：でも、違いはあるわ。ロシアの市場が下落しなくても米国の市場が下落することはあり得るもの。

オルガ：でも、一方が他方に影響を与えることはあるでしょ。みんな新聞を読むのだし。

ナターシャ：もちろんよ。

オルガ：それなら、保険の場合はその問題は発生しないの。一つのアパートに強盗が入ったとしても別のアパートに強盗が入るかどうかには関係ないの。推計しようとしている確率を私が変えてしまったという心配をせずに証拠を持ってきて確率を推計することができるのよ。

ナターシャ：確率を変えるですって？

オルガ：うーん、わからないわ。おそらく、そんな感じよ。

ナターシャ：もし確率が何かがわからないのなら、なぜそれが変わったかなんてわかるのよ。

オルガ：いいわ、たぶん違うわ。でもどういうことかわかるでしょ。あるアパートに強盗が入る確率の推計のことは理解できるわ。0.2%と0.3%の違いは理解できるの。でも、住宅市場が下落すると言ったとき、どういう意味であなたがそう言ったのかは理解できないのよ。

ナターシャ：じゃあ、あなたは地球温暖化の確率は理解できる？

オルガ：いいえ。まったく同じ問題を抱えているわ。

ナターシャ：それはね、スピーチの作法ってやつよ。

確率概念は様々なところに顔を出します。私たちは、リスクのある選択について議論するとき（第4章）、株式市場や政治イベントに関わるときに確率を用います。天気予報では降水確率が出てくるし、健康リスクや環境リスクに触れるときには、治療法や教育プランなどと同様に確率を用います。でも、確率とは正確に言うと何なのでしょうか。私たちが「事象Aが起こる確率はpである」と言うとき、それは何を意味するのでしょうか。

5.2　客観的確率としての相対頻度

一つのよくある答えは、確率は経験頻度の極限であるというものです。コインを投げて、表が出る確率が50%だと言うとき、一つのあり得る解釈は、コインを同じ条件の下で何度も何度も投げると、投げた回数のおおよそ50%の割合で表が出る、というものになります。これを確率の頻度論的アプローチといいます。このとき、客観的確率は（相対）頻度の極限によって定義されます。

この概念で大数の法則（LLN）（4.2.2節および付録A参照）を思い出す人がいるかもしれません。私たちがある試行ないし実験を無限回繰り返したとしましょう。それぞれの回では事象Aが起こったり、起こらなかったりします。異なる回同士は、Aが起こる確率がpであるという意味で同一のものであると仮定します。また、いくつかの回について知っているからと言って、それ以外の回に関する情報は何も得られない、という意味で各回は独立だと仮定します。このとき、Aの相対頻度はその確率pに収束することが大数の法則によって保証されます。

大数の法則は、確率で定義される仮定に依拠していることに注意しましょう。確率変数が同一の分布を持っているとか、独立であるというとき、私たちは確率という概念を前提としてしまっているのです。大数の法則そのものもまた確率で表現されています。したがって、大数の法則は確率を定義するために用いることはできません。結局、「相対頻度の極限」という確率の直観的定義は、大数の法則をひっくり返し、その結果を確率の定義として用いているのです。

大数の法則の直観にたよって、客観的確率の定義を次のように言い換えることができます。同一の条件下でなされた数多くの実験があると仮定しましょう。どういうことかと言うと、(1) 知り得るかぎり、これらの実験は同一であり、(2) 実験は因果関係の意味で独立——いくつかの実験の結果がそれ以外の実験の結果に影響を及ぼさない——ということです。そうすると、ある事象の経験的相対頻度を将来の同種の実験における確率の定義とすることができます。

コイン投げやトランプのシャッフルのように、同一条件下で実験がなされるような状況があります。また、文字通り同一条件下でなされるわけではないものの、そう仮定してもよいような状況もあります。例えば、自動車保険に関する私の意思決定を考えてみましょう。自動車が盗難に遭う確率を推定しようとする際、昨年における自動車盗難の相対頻度を確率の定義として用いることができます。確かに盗難に遭う可能性があった自動車は数多くありますが、実際に盗まれたのはその一部だけです。しかし、これらの自動車は全て同一条件下にあったのでしょうか。高級新車のほうが安い中古車よりも泥棒にとって魅力的だったのではないでしょうか。どの地区にある自動車なのかも関係あるかもしれません。実際、自動車の価格や品質、保管場所など関係ありそうな要素を考慮に入れると、二つとして同じ自動車はないでしょう。因果の独立性の仮定さえ成立するかはあやしいものです。もし泥棒があなたの自動車を盗むのにいそしんでいたとしたら、私の自動車を盗む暇はないかもしれないのです。したがって、今考えている事象は同一のものでも独立のものでもないように見えます。

このように考え始めると、コイン投げでも同様の議論ができることに気づきます。たとえ同じコインを何度も何度も投げていたとしても、条件は少しずつ変わっています。コインを投げている手が疲れてくるかもしれません。部屋の湿度が変わるかもしれません。彗星が重力場を変えてしまうかもしれません。因果の独立性ももっともらしいとは言い切れません。とくに何度も繰り返していれば親指は疲れてくるし、コインの温度も上がってくるでしょう。同様の議論は、さいころ投げやルーレット回し、トランプのシャッフルといった他の古典的な例でも可能です。連続した実験は正確には同一でも因果的に独立でもないのです。

私たちは、同一条件は仮定にすぎない、という結論に達しました。

科学においては常にそうであるように、仮定が現実の完璧に正確な描写であると期待すべきではありません。現実を近似するモデルを用いる分には問題ないのです。叡智とは、しばしば科学というよりは芸術の問題ですが、あるモデルがどういうときに適切であるか、ある仮定がどういうときに誤解を生じるほど非現実的なものかを判断することでもあります。同じことは確率を定義する際の同一条件の仮定についても言えます。私たちが経験的な相対頻度を用いて、コインが表になる確率や自動車が盗難に遭う確率を定義する際、異なる実験が実用上同一条件の下でなされたと仮定しているにすぎないのです。

5.3　主観的確率

先ほどの例と異なり、実験が同一であるとか因果関係が独立であると仮定できいないような状況もあります。治療の結果は様々な要因に依存しており、その組み合わせを考えていくと、個々の事例は唯一のものとなってしまいます。株式市場も非常に多くの変数に依存しているため、どの日をとっても歴史上唯一しかない日となってしまいます。さらに、株式市場の場合は、日々の動きの間に因果関係があります。そのため、ある事象が過去に例えば70%の相対頻度で起こっていたとしたら、正にそれが理由で今より起こりやすいとか起こりにくいとかいったことが生じるわけです。戦争が大失敗に終わるか否かといった予測も一例です。戦争はどれ一つとして似ていないからです。1929年の大恐慌は、そういった恐慌が起こり得ることを示唆しています。しかし、それによって様々なセーフティネットが用意された結果、似たような恐慌は起こりにくくなっています。要するに、過去の相対頻度は多くの現実問題において確率の定義としては妥当ではないのです。

それでも、人々はしばしば確率を用いて話をします。なぜなら、確率論が不確実性に関する私たちの直観を研ぎ澄ますために便利な道具だとわかってきたからです。各事象に数値を割り当てる際、私たちは確率の基本法則に従わなくてはなりません。このことは私たちの思考に一定の規律を与えてくれます。例えば、事象Aが事象Bに含まれるのであれば、BよりもAにより高い確率を割り当てることはできない、といったように[★1]。

確率が観察された経験頻度によって客観的に定義されるときには、同じデータを持っている人は、原則として同じ確率を算出しなければなりません。それに対し、確率が予想の数量化に整合性を課すためだけに用いられるときには、異なる人が異なる意見を持っていても驚くには当たりません。このとき、彼らが推定した確率を主観的確率と呼びます。トマス・ベイズに因んだ**ベイズ・アプローチ**はすべての不確実性は確率的に数量化されるという考え方を提唱するものです。もし経験相対頻度のように、客観的な証拠があって唯一の値を示唆しているのであれば、私たちは合理的な意思決定者がその客観的に利用可能な確率を採用すると予想することができます。しかし、そのような証拠がなかった場合、ベイズ・アプローチは、たとえ結果的に導かれた確率が主観的なものにすぎなかったとしても、確率による数量化が不確実性に対処する唯一の合理的方法であるという立場を採るのです。

確率論が客観的確率と主観的予想の数量化との両者に用いることができるという考えは確率論の初期（17世紀中葉）からありました。全ての不確実性が確率によって数量化できるか否かについての議論はそれ以来ずっと続いていて、解決する兆しは見えません。

不確実性は常に数量化して確率やリスクに還元することができるとするベイズ・アプローチは公理的モデルから強力な支持を得ています。この種のモデルは確率がわからないような事象を含む不確実性下の選択を記述するとともに、主として異なる意思決定状況の間の整合性に焦点を当てるような公理を提案します。そのうえで、これらの公理が満たされることと、確率を含む意思決定ルール——典型的には期待効用最大化——によって選択が表現されることが同値であるという定理が証明されます。これらの確率は意思決定者の選好から導出されるという意味で主観的なものです★2。

ベイズ・アプローチは前述した効用の導出と似たような導出方法によって支持されています。繰り返しになりますが、その考え方は単純な問いから始めて次第に複雑なものに向かうというものです。例えば、あなたが10個の異なる事象を含む複雑な意思決定をしなくてはならないとしましょう。まず、それぞれの事象が起きるあなた自身の主観的確率を導き出さなくてはなりません。そこで、ある事象Aを取り出し、「Aが起こったら1万円もらえるくじと、コインの表が出たら1万円もらえるくじのどちらがいいか」という問いを立てます。もし、Aに賭けたいと思うならAが起こる主観的確率は50%より高いと見積もります。つぎに、Aに賭けるか、「2回独立にコイン投げをして、1回以上表が出る」ほうに賭けるか、という問いを立て、Aの主観的確率と.75とを比べます。このようにしてそれぞれの事象に関する主観的確率を別々に計算することができます。そして、これらの確率を用いてより複雑な意思決定状況に適用することができるのです。

しかし、多くの事象では、このような問いに明確な答えを与えられないだろうという主張もあります。「Aが起こったら1万円もらえるくじと、コインの表が出たら1万円もらえるくじのどちらがいいか」と問えば、「つまり、あなたは事象Aが起こる確率が50%より高いか低いかを聞いているのだね。しかし、私はAの確率を知らないのだよ。もし知っていたらあなたの質問はそもそもいらないよ！」と答えが返ってくるかもしれないのです。

こういった難しさがあるため、ベイズ・アプローチに対する代替的なアプローチも発展してきました★3。ベイズ理論よりも一般的で比較的単純な理論としては、マクシミン期待効用理論があります。この理論によれば、意思決定者は唯一の確率を持っているわけではなくて、複数の確率からなる**集合**を持っています。ある特定の選択肢に直面したとき、その選択肢の期待効用の計算にはいろいろな方法があり得ます。なぜなら集合の中にある各々の確率を用いて期待効用を計算することが可能であり、一般的には異なる確率を用いれば異なる期待効用が計算されるからです。マクシミン理論は、意思決定者が最悪の事態——すなわち様々な確率を用いて計算した期待効用のうち最小の値——を使って選択肢を評価するとします。しかし、これは非ベイズ・アプローチの一例であって、ほかにも数多くの方法が提唱されています。

5.4 統計の落とし穴

統計は科学的および非科学的研究において明示的に確率を推計する際に用いられると同時に日常生活において暗黙的に用いられています。いくつかの有名な問題において、利用可能なデータからしばしば誤った結論が導かれがちであるということを指摘しておくことは重要でしょう。以下に、人々がしばしば犯しがちな過ちをいくつか挙げます。新聞を読むとき、どのくらいの見出しがそのような誤った推測に読者を導いてしまうかを考えながら読むとよいでしょう。

5.4.1 条件付き確率の混同

飛行機に乗る際、爆弾で飛行機が爆破されるのではないかと心配している状況を考えてみましょう。古いネタですが、「その場合はあなた自身が爆弾を抱えて乗ればよい。なぜなら2つの爆弾が持ち込まれる確率は極めて小さいからである」というジョークがあります。

このくだらないジョークのポイントは、あなたが爆弾を持ち込むという事象と他の乗客が爆弾を持ち込むという事象が独立であると仮定すれば、あなたが持ち込んだときに爆弾が２つ持ち込まれる**条件付き**確率と、あなたが持ち込まないときに爆弾が１つ持ち込まれる条件付き確率とが等しい、というところにあります。２つの爆弾が（２つとも他の乗客によって）持ち込まれる**条件付きでない**確率と条件付き確率を混同している例なのです。

もう一つ人々がよく犯す過ちは、Ａという事象を所与としたときのＢという事象の条件付き確率と、その逆、つまりＢという事象を所与としたときのＡという事象の条件付き確率とを混同するというものです。次の例を考えてみましょう。あなたはある病気に罹っているかもしれないと心配しています。そこで、あなたは検査を受けます。この検査は、もしあなたが罹患しているなら90%の確率で陽性になりますが、罹患していなくても５％の確率で陽性（偽陽性）になることが知られています。検査結果が陽性であったとき、あなたが罹患している確率はどのくらいでしょうか。

多くの人は90%とか95%とかその間といった値を答えます。でも正しい答えは、これだけではわからない、です。理由は、あなたが罹患しているときと罹患していないときの陽性になる条件付き確率しか与えられていないからです。私たちは条件付きでない罹患の確率に関する情報を与えられていません。そして、この情報が、陽性であるときの罹患の条件付き確率を計算するのに必要なのです。

この点を見るために、確率ではなく人々の人数の割合で考えてみましょう。今１万人の人がいてそのうち100人が罹患しているとします。すなわち、先験的な（条件付きでない）罹患の頻度は１％です。これら100人の罹患者のうち検査によって陽性反応が出たのは90人だったとしましょう。すると、罹患しているという条件の下での陽性反応の条件付き頻度は90%になります。一方、残りの9,900人は健康体です。でも、彼らのうち５％の人は検査結果が陽性、つまり計算すると、495人が偽陽性になります。全体では495＋90＝585人に陽性反応が出ることになります。しかし、彼らのうち罹患しているのはたったの90人です。したがって、陽性反応が出た人のうち罹患している人の条件付き頻度は、たったの90 / 585＝15.38%になるのです。

これを確率用語で置き換えると、罹患を条件としたときの陽性反応の条件付き確率は90%であるにもかかわらず、陽性反応を条件としたときの罹患の条件付き確率はたったの15.38%ということになります。もちろん、陽性反応というのはいい知らせではありません。検査結果を知る前は１％しかなかった罹患確率が15.38%に跳ね上がったわけですから。でも、この数字は90%と比べるとかなり低いですし、50%と比べてもそうです。したがって、罹患している人の過半は陽性となるのに対し、陽性となった人の過半は罹患していないということになります。

上で計算した２つの相対頻度は、分子は同じですが、分母が異なっています。罹患者の中で陽性となる人の割合を考えたときには、両方の条件を満たす人――罹患していてかつ陽性となった90人――を罹患者の数100人で割りました。この比90 / 100が罹患者の中における陽性者の高頻度を表しています。それに対し、陽性者の中で罹患している人の割合を考えたときには、両方の条件を満たす90人を陽性者の人数585人で割りました。つまり分子は90で分母は585です。結果は大幅に異なることになります。それにもかかわらず、人々は分母が異なることを忘れがちなのです。

カーネマンとトヴェルスキーは慎重な実験を通じてこの現象を報告しています[★4]。彼らはこの現象を「元の割合を無視する行動」と呼んでいます。なぜならある事象を所与としたときの別の事象の条件付き確率とその逆の条件付き確率の比は2つの事象の条件付きでない確率（私たちの例では100/585）になっているからです。元の確率を無視したり、条件付き確率を混同することは、「AはBを意味する」と「BはAを意味する」という2つを混同することの確率版とも言えるでしょう。明らかに両者とも、注意していなければ私たちのほとんどが犯しがちな過ちと言えます。

条件付き確率の混同は様々な集団に対する偏見とも関連があります。例えば、スカッシュのトッププレイヤーのほとんどはパキスタン人です。だからと言って、ほとんどのパキスタン人がスカッシュのトッププレイヤーというわけではありません。私たちがいま考えている現象は人々がこの手の過ちを犯しがちだということを示唆しています。もしこの例をもう少し紛らわしいもので置き換えたとしたら、社会に蔓延しているある集団に対する偏見が統計的には正当化できないものであることがわかるでしょう。

5.4.2 標本の偏り

統計史上、最も有名な大失態の一つは1936年の米国大統領選挙の予測です。『リテラリー・ダイジェスト』誌の世論調査は共和党候補のアルフレッド・ランドンが大差で勝利すると予測しました。しかし実際には、民主党候補のフランクリン・ルーズヴェルトが勝利したのです。背景にあったのは、世論調査が自動車と電話の登録リストに依存していたという点です。1936年には全ての有権者が自動車と電話を保有していたわけではありません。つまり標本には**偏り**がありました。本来、調査したい対象よりも金持ちの割合が多かったのです。結果として、標本の中で過半数を占めていた候補者が全体の中では必ずしも過半数を占めていないという現象が起きてしまったのでした[★5]。

同様の問題は調査の回答者の割合が集団ごとに異なる場合にも起き得ます。例えば、過激な宗教政党の支持者が調査員の質問への回答を拒否したとしましょう。もしこの標本を額面通り受け取ってしまうと、この党の支持率を過小評価することになります。

これらの標本が偏るのは、質問と、標本に表れる確率に影響を及ぼすような別の現象とが相関しているためです。さらに場合によっては、標本を抽出する過程そのものによっても偏りが生じてしまうこともあります。

世帯人数　世帯当たりの子どもの平均人数を調べたいとしましょう。学校へ行って、何十人かの子どもをランダムに選び、兄弟姉妹が何人いるかを訊きます。その答えの平均を計算して、(選んだ子ども自身を計算に入れるため) それに1を加え、その数字を世帯当たりの子どもの平均人数の推定値とします。

この方法だと、子どもが5人いる世帯が標本される確率は1人しかいない世帯の5倍になります。子どもがいない世帯は標本から完全に漏れてしまいます。ここで生じた偏りは子どもを標本として抽出したことに起因している点に注意しましょう。『リテラリー・ダイジェスト』誌の例とは異なり、偏りを示すために (共和党支持者は平均的に民主党支持者よりも裕福であるといったような) 人口全体に関する情報を得る必要はありません。この例では標本抽出の方法を見るだけで偏りが生じるということがわかります。

この標本は、「あなたは (あなた自身を含め) 何人の子どもと共に育ったか」ということを調べたい場合には、偏りがないことに注意しましょう。例えば、もし2つの世帯があって、一つは1人っ子世帯で、もう一つは9人の子どもがいたとすると、世帯当たりの子どもの数の平均は5人になりますが、同一世帯で育った子どもの数の平均は

((9 / 10) × 9) + ((1 / 10) × 1) = 8.2 になります。したがって、標本に偏りがあるか否かは調べたい内容にも依存するのです。

待ち時間　2 台の続けてくるバスの間の平均時間を推計したいとしましょう。バス停に立って、最初のバスが来るまでの時間を計り、それを 2 倍します（1 台バスが行ってから次のバスが来るまでの間のどこかの時点で自分が来たことを勘定に入れるために）。

この論理は先ほどの例の論理と似ています。到着時刻が遅れたバスほど標本として抽出される可能性が高くなるのです。もし 2 台のバスの間の間隔を時間の「世帯」と捉えるなら、より長い間隔に属している時間ほどより多くの「兄弟姉妹」を持つことになるからです。

標本にある平均の待ち時間はある時刻にランダムにやってきた乗客にとっての待ち時間の偏りのない推定値であることに注意しましょう。そのような乗客は結果的に早く到着したバスよりも遅れて到着したバスに乗ることになる可能性が高いでしょう。つまり待ち時間ではなく、バス 1 台当たりの平均を計算しようとすると、偏りが生じてしまうのです。

勝者の呪い　だれが勝ち取ろうとも同じ価値を生み出す油田のような財に関する入札を考えてみましょう。ただし、この共通の価値がいくらかはわかりません。各企業はこの油田の価値を推計し、入札を行います。この際、各企業の推計には統計的に偏りがないとします（すなわち、推計値の期待値は未知の価値になっています）。もし 1 社だけがこの推計値をそのまま入札したとしたら、利潤の期待値はゼロになります。しかし、もし複数の企業が自社の推計値をそのまま入札すると、入札の勝者は損失を被る可能性が高くなります。

その理由は、実際の価値に等しいのは入札の期待値でしかない、という点にあります。入札額は正しい価値よりも上の場合も下の場合もあるでしょう。1社しかいない場合は、過大評価の際の損失と過小評価の際の利得が打ち消しあうでしょう。しかし、企業が複数いる場合、入札に勝つのは過小評価したときではなく、過大評価したときであることが多いのです。したがって、過大評価したときには、勝って損失を被り、過小評価したときには、勝てないので損得ゼロになってしまうわけです。

これは偏りのある標本の一例です。「入札に勝った」企業を抽出する状況を考えてみましょう。抽出された入札額は勝った企業のものであるため、全企業の入札額を反映しているとは言えません。先ほどの例と同様、抽出過程に偏りが埋め込まれてしまっているのです。

勝者の呪いは入札の勝者が損失を被る傾向にあることを指した言葉です。実社会でもこのような現象は過去に見られました。平均的に損失を出さないために入札額を下方修正しなければならないことが明らかになってきました。入札額をどう修正すべきかは、他の企業が何をするかに依存して決まります。ここ数十年間、ゲーム理論は入札における均衡や売り手にとって最善の入札ルールの研究に用いられてきたのです。

5.4.3 平均への回帰

回帰分析は与えられたデータを元にして、ある規則性を見出すためのものです。例えばxをある男性の身長、yをその息子の身長だとしましょう。多くのxとyの組み合わせを観察したうえで、xとyの間に何か単純な関係があるかを考えます。線形回帰においては、線形関係のみを考え、最も当てはまりのよい直線を探すことになります（図5.1参照）。

なぜ全ての点を通らない直線のような単純な関数のみを探し、当て

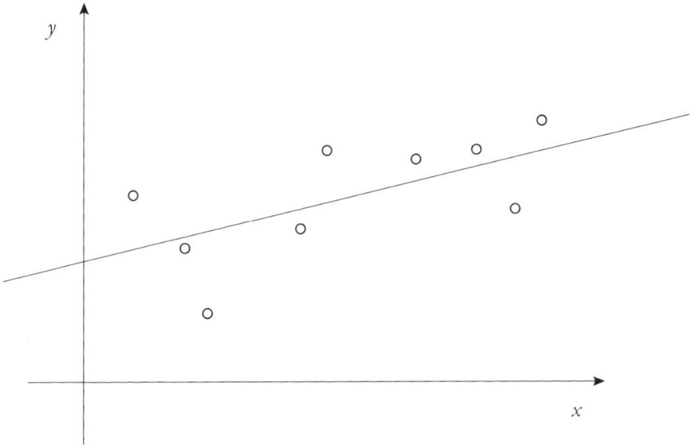

図 5.1

はまりがよいより複雑な関数を考えないのでしょうか。理由はデータには固有のノイズがあると考えられるからです。自然科学ではこのノイズはしばしば測定誤差と見なされます。生命科学や社会科学では、重要だとわかっていても測定できない多くの変数がノイズに含まれていると考えます。いずれにせよ、ノイズが存在する場合には、データを正確になぞるような複雑な曲線（図5.2）はあまりよい予測値をもたらしません。この現象はオーバーフィッティングと呼ばれます。

先ほどのデータに対し、線形関数が当てはめられるとき（図5.1）、回帰直線は増加関数となっていることがわかります。これは平均すると、背の高い男性の息子は背が高くなるということを意味しています。しかし、この直線の傾きは 1 よりも（45度よりも）小さくなっています。すなわち父親の背が 1 cm 高くなっても息子の背は平均的には 1 cm も高くならないということを示しています。

この回帰直線の傾きが 1 より低い理由は次のようなものです。ある男性の身長は父親の遺伝子だけでなく母親の遺伝子や栄養状態など他の要因によっても決まる、というもっともな仮定を置いてみましょ

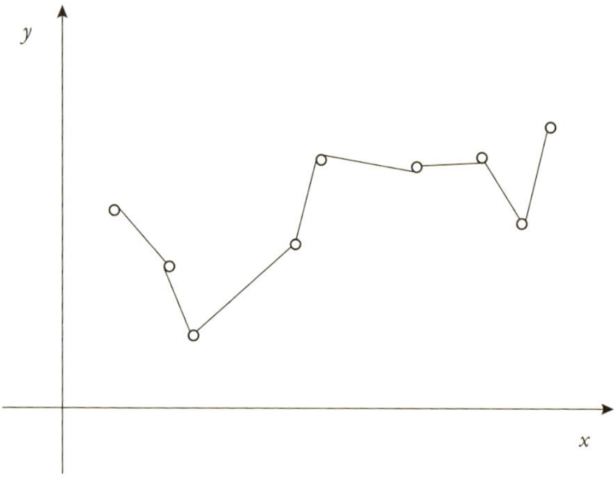

図 5.2

う。これら他の要因に関する情報がないときには、これらの要因をノイズとして取り扱い、簡単化のためにこれらのノイズは父親の身長とは独立であると仮定します。

ここで、非常に背の高い父親——例えば一番高い父親——を取り出しましょう。この父親が高いのは様々な要因——彼自身の遺伝子や他のノイズ——が組み合わさっているためでしょう。このうち息子には遺伝子のみが伝わります。ノイズのほうは新しいものが息子に加わることになります。遺伝子が伝わるため、この息子の身長は平均以上になると推測することができます。しかし、他のランダムな要因は伝わらないため、息子は父親よりは低くなることが推測できます。同様に、非常に小さい男性の息子は平均よりは低いでしょうが、父親よりは高くなるでしょう。この現象は平均への回帰として知られています。

平均への回帰はよく見られる現象です。2つの変数 x と y が同じ単位で測定されていて、一方が大きいときにはもう片方も大きく、あらかじめ一方の変数が他方の変数の推定値として用いられそうだということがわかっているときには、この現象が生じやすいのです。例えば、試験の成績が上位の者を一つのクラスに集めるとします。1年後に彼らの進歩を見ます。このとき、彼らは平均よりもいい成績を修めることが予想されますが、平均的には以前の順位よりは落ちているでしょう。これは単に学生の選び方によります。非常によい成績は特別な才能があることを意味すると同時に、試験のときに幸運だったことも意味しています。才能のほうは1年後も変わりませんが、運の要素は繰り返すとは限りません。結果的に成績は平均よりは上ですが、前年よりも下がるのです。

あなたの友達が今しがた観た映画を観るように勧めたとしましょう。それは彼女が観た中で最高の映画だといいます。平均への回帰を援用するなら、この映画はおそらくいい映画でしょう。でも、彼女の絶賛を鵜呑みにすると、おそらく失望することになるでしょう。

不幸なことに同様の現象はあなたがあなた自身の言うことに従ったとしても起こってしまいます。本や旅行やレストランに興奮して、もう一度試したいと思ったことはありませんか。でも、そうすると、たいていは少し失望することになります。部分的には新鮮味が薄れていることもあるのでしょうが、部分的には平均への回帰が生じているからなのです。

失望は、政治的指導者や投資顧問を過去の実績で選ぶ場合にも待ち受けています。明らかに、どちらの場合でも成功するためにはある種の能力が必要でしょう。だから、似たような職でいい成果を挙げた人を選ぶほうが失敗した人を選ぶよりはいいでしょう。しかし、政治家でも投資顧問でも成功の裏には運（ノイズ）の要素も少なからず混ざっているため、彼らを選んだときに期待していたほど彼らがよくなかったとしても驚くべきではないのです。

5.4.4 相関と因果

私たちが犯しがちなもう一つの統計上の過ちは相関を因果と混同することです。XとYという2つの変数が**相関している**というのは、一方が高いときには他方も高く、一方が低いときには他方も低い傾向があるときをいいます。すなわち、Xが高い値をとっているときには、低い値をとっているときと比べて、Yが高くなることが多いという状況です。相関関係は対称的な関係です。XがYと相関しているならYはXと相関していることになります（付録A参照）。

他方、**因果関係**は相関関係と比べると扱いにくい概念です。直観的には、XがYをもたらすとかXの高い値はYが高い値をとる原因となる、といったことの意味は理解できます。このとき私たちは反事実的な条件文を考えています。「Xが高く、Yもまた高い。しかし、もし仮にXが低かったとしたら、Yもまた低かったであろう」というような。因果関係は対称的な関係ではありません。XがYの原因ならば、YはXの原因ではありません。とくに、もしXがYの原因ならXはYの前に起こっていなくてはなりません。今日のXの高い値が明日のYの高い値の原因になることやそのYがその次の日のXの高い値の原因になることはあり得ますが、明日のYの高い値が今日のXの高い値の原因になることはあり得ません。相関は時間的な前後関係とは無関係に考えることができます。明日のYの高い値が今日のXの高い値と相関している、ないしその指標となっている、ということはできます。しかし、前者は後者の原因ではあり得ません。なぜなら因果関係は時間的な前後関係と結びついているからです。

因果関係は相関関係と比べて、定義したり、測定したり、確定したりすることが困難です。なぜなら、因果関係は反事実的な条件文、「もし仮にXが低かったとしたら、Yもまた低かったであろう」というようなものを含んでいるからです。基本的な問題は、Xが現実とは異なる値をとっていたとしたら何が起こったであろうか、ということが明白ではない点にあります。極端な例として歴史における因果関係を考えることができます。ヒトラーの敗北の原因は何でしょうか。もし仮に彼がソ連を攻撃しなかったとしたら、彼は勝利したでしょうか。そして、ソ連の崩壊の原因は何でしょうか。もし仮に「スターウォーズ」計画がなかったとしたら、もしくは原油価格の下落がなかったとしたらソ連は生き延びたでしょうか。私たちはこれらの問いに対する答えを知りません。答えがイエスないしノーとなるような正確な条件を与えることは難しいでしょう。なぜなら歴史を繰り返して、異なる状況の下で何が起こったであろうかを確かめることができないからです。

歴史的事象はそれがただ一度しか起こらないという点で極端な例です。もし全ての事象が観察できるいくつもの面で互いに異なっているとしたら、因果のみならず相関を定義することも難しくなります。しかし、似たような事象が何度も起こって相関関係を定めやすくなったとしても因果関係を定めるのは厄介です。理由は、一つの相関関係が与えられたとしても、それと整合的な因果関係は数多くあるからです。例えば、所得Ｘと自動車への支出Ｙとの間に相関があるとしましょう。この統計的関係は、(1) ＸがＹの原因である、(2) ＹがＸの原因である、(3) ＸとＹは因果関係で直接結びついておらず、例えば別の変数ＺがＸとＹの双方の原因となっている、そして (4) 純然たる確率現象、というものがあり得ます。

統計的推計は (4) の純然たる確率現象か否かを見分ける手法を編み出してきました。統計的有意という概念です。有意性の概念は、根底にある関係と、標本誤差によって表れた表面上の関係とを区別するために生み出されました。しかしそれでもなお、ＸとＹの間の相関は (1) から (3) のどれをとっても有意になることが示されています。

幸いなことに、世界について学びたいと思うだけならば、因果関係のことを心配する必要はありません。高級車を持っている人を見れば、安い自動車を持っている場合に比べて金持ちである可能性が高いと結論づけるでしょう。この推論はたとえ私たちが因果関係を逆に——すなわち、高級車を買う余裕があるから買ったのだろうと——考えていたとしても成立します。

反対に、残念なことに、世界を変えるために現象の間の関係を探究したいのであれば、因果関係を特定化する必要に迫られます。高級車がほしいのであれば、金持ちになろうとするのは自然なことでしょう。でも、金持ちになりたいからと言って高級車を買うのはおそらく愚かなことと言わざるを得ません。

常識的に考えれば相関関係と因果関係を混同することはないだろうという例は数多くあります。病気に罹ることと医者に会うこととの間には相関関係があります。しかし、医者が病気の原因だと考えることはまずないでしょう。背の高い子どもには背の高い親がいます。しかし、子どもの身長は親の身長の原因にはなり得ません。3つ以上の変数がある例を考えてみましょう。ギリシャとアルゼンチンの人口は(異なる年同士で見れば)相関しています。これは年々両国の人口が増加するためだと考えられます。そのような見せかけの相関は、時間とギリシャの人口、および時間とアルゼンチンの人口という2つの因果関係から導かれるのであって、両国の人口の間に何らかの因果関係があるわけではありません。見せかけの相関は適切な変数でコントロールすれば消えてしまいます。時間という変数を導入し、この変数の効果を所与とすれば、他の2つの変数は相関していないことが示されるのです。

しかし、因果関係がそれほど明白ではない例もあります。少量の喫煙は、まったく喫煙しない状態よりも病気と相関しておらず、多量の喫煙のみが健康への負の効果が認められたという研究報告があったとしましょう。人によっては少量の喫煙は健康を増進すると考えるかもしれません（実際、赤ワインについてはそう言われています）。しかし、喫煙をしていない人の中にはすでに病気に罹っていて医師から禁煙するように言われている人がいるでしょう。この場合、罹患している非喫煙者は、罹患しているから煙草を吸わないのであって、その逆ではありません。

子どもの言語能力が身長と関連しているからといって、言語能力を伸ばすために子どもを引っぱって身長を伸ばそうとはしません。年齢という共通の因子があって、身長と言語能力の双方の原因となっていると考えるほうが自然だからです。この場合、常識が身長と言語能力との間の因果関係を排除する一助を担っています。しかし、もし金持ちの親の子どもの成績がよいという事実が発見された場合には、どの因果関係がより正しいのかを判断することは困難かもしれません。お金が多いほどいい教育を受けさせることができる場合もあり得ますが、元々の能力の高い人々がお金も稼ぐし、能力の高い子どもに恵まれることもあり得るからです。

どのようにして因果関係を特定できるのでしょうか。もしある変数がＸとＹの共通の原因（前述の例の親の才能）になっていて、両者の間の相関をもたらしていることが疑われる場合には、それらの変数を分析に組み入れることでＸとＹの間の相関が持続するか否かを調べることができます。もし共通の因子Ｚを組み入れてもＸとＹの間に相関が生じているなら、Ｚはおそらく Ｙの原因ではないでしょう。

では、どのくらいの数の変数を考えるべきなのでしょうか。ある現象の可能な原因という意味ではきりがないかもしれません。したがって望ましいのは、一つの変数Ｘのみを変えてもう一つの変数Ｙへの影響を見るような統制された実験をすることです。もし異なるＸの割り当てがランダムになされるのであれば、そしてそれによって異なるYが生じるのであれば、因果関係が特定されたと感じるでしょう。ランダムな割り当てのしかけは、統制すべき変数Zが（Xの値によって分けられる）様々な集団で同一の分布に従うという点にあります。例えば、新しい学習プログラムの有効性を検証したければ、学生をランダムに学習プログラムに割り当てて、有意な違いが生じたとき、この学習プログラムが原因だったと見なすことができます。

しかし、このような統制された実験が不可能であったり、現実的でなかったり、倫理的でなかったりする状況が数多くあります。歴史は実験が理論上不可能な一例です。ソ連を再建して何がその崩壊につながったのかを検証することはできません。最初の崩壊の記憶が2番目に影響を与えてしまうという理由だけでも不可能なのです。さらに、一国全体、社会全体、経済全体を実験の俎上に乗せることは現実的ではありません。現実的な実験はそれなりの時間内に完了することも求められます。ある教育制度が子どもの将来に与える効果をたしかめるには、例えば40年の歳月を要するかもしれません。その実験が完了するころにはもはや適切な実験とは言えないものになっているでしょう。最後に、倫理的な制約も数多くあります。例えば妊娠中の女性が少量のワインを飲むことに害があるか否かわかっていないとしましょう。この場合でも、ランダムに選んだ妊娠中の女性の半分にワインを飲ませ、残りの女性の半分にワインを飲ませないでどちらのグループで障害児が多くなるかといったような実験を行うことはできません。

実験に頼らず手に入るデータに基づいて因果関係を特定するように設計された、より高度な統計的手法もあります。しかし、それらの手法は限られたものであり、マクロ経済学、金融、政治学、社会学等では多くの因果関係が特定できないままです。さらに統計的相関関係は報告された後、深い分析がなされないままにされることも多いのです。したがって、統計データを扱う際には、相関は因果を意味しないということを肝に銘じておくことが重要なのです。

5.4.5 統計的有意

事実を統計的に検証する標準的な方法は仮説検定です。この手法は常に直截的とは限りませんので、どう機能するかを説明しておきましょう。

研究者がある事実――例えば、喫煙が肺がんに関係していること――が正しいのではないかと考えるとき、仮説を設けて検定します。検定される仮説は検証しようとする推測の否定の形をとります。非常に注意深くするために、ある仮説が客観的に疑いの余地を残さない程度になってはじめて、その仮説が検証されたと述べることができます。したがって、疑いの余地をなるべく残そうとします。この例では、研究者は帰無仮説 H_0 として、喫煙は肺がんとは関係しないという命題を置きます。関係しているという仮説は対立仮説の役割を果たし、しばしば H_1 と書かれます。

次に研究者は検定を選択します。この検定においては、標本を採る、計算をする、そして計算に基づいて H_0 を棄却するか否かの決定をする、という一連の手順を踏むことになります。標本は典型的には適切な母集団から採られた i.i.d. 確率変数からなります。前の例では喫煙者と非喫煙者が母集団となります。そのうえで検定を行い、喫煙者人口中の肺がんの割合が非喫煙者人口中の肺がんの割合に比して十分に高いときのみ、帰無仮説を棄却することになるのです。

十分に高いというのはどういうことなのでしょうか。統計的な検証で論理的な証明と同程度の確からしさが得られることは決してありません。標本数がどんなに多くても、2つの母集団の間にどれほど大きな差があろうとも、標本の差は偶然であり得るのです。これが常態であることを認識したうえで、どのくらい偶然が重なればデータと帰無仮説を整合的に説明できるかという問いを立てます。すなわち疑いの余地を残すために、H_0 が真実だと仮定したうえで、私たちが実際に観察したデータがどのくらいの確からしさで起こるかを考えるのです。もしこの可能性が極めて低いということになった場合に、H_0 を棄却し、それによって対立仮説を検証したことになるのです。

言い換えると、仮説検定の基本的な論理は、私たちが検証したいと思っている仮説の否定にしがみついていることがいかに恥ずかしく、馬鹿げているかを示すことに似ています。例えば、煙草製造業者は喫煙は肺がんとは関係がないと主張します。先験的にはこれは妥当な推論かもしれません。しかし、もし私たちが大きな標本を見て、ほとんど全ての喫煙者が肺がんに罹っていて、ほとんど全ての非喫煙者が罹っていなければ、製造業者に、「さて、何と答える」と訊くでしょう。「偶然です」という答えが返ってくるかもしれません。そこで重ねて、こう言います。「よろしい、ではそれを数字で表してみましょう。偶然によってこの結果が得られる可能性はどのくらいでしょうか。２つの現象の間に関連がないと仮定して、あなたの仮定の下で実際に観察したデータが得られる確率（の最大値）はどのくらいか計算してみようじゃありませんか」。計算した結果、確率の最大値が .001 になったとしましょう。こうなれば、私たちは製造業者に向かって次のように言うことができます。「申し訳ありませんが、あなたの推測を信じることはできません。全てのことは理論上可能ではあります。しかし、あなたは今、どうも起こりそうもない事象を観察したと私たちに信じさせたいようです。２つの現象の間に関係があることを認めたほうが妥当だと思うのですがいかがでしょうか」。

ここで、仮説検定は（否定に対する）仮説の確からしさに関する先験的な判断には依存していないということを押さえておきましょう。

そのような先験的な判断は主観的なものとなってしまいます。仮説検定は客観性を志向します。したがって、それは主観的事前確率、偏り、偏見、先入観といったものには頼ることができないのです。

仮説検定の解釈に関しては、いくつかの留意点があります。

- データに基づいてある仮説を棄却することができなかったとき、それが真であるとは限らないし、データによって強く支持されるとも限りません。仮説の棄却が失敗に終わったということ（仮説の**採択**とも呼ばれます）は棄却できなかったことを意味するにすぎません。仮説 H_0 を検証するためには、役割を入れ替える必要があります。すなわち H_0 を対立仮説とし、H_0 の否定を棄却しなくてはならないのです。しばしば与えられたデータの下で、元の仮説もその否定も棄却されないということが起きます。重要なのは、一つの客観的な命題に着目したときには、他の問題に関しては沈黙を守らなくてはならないということです。

- 仮説検定は客観的であろうとしますが、主観の要素は必ず入り込んできます。現実の状況では、仮説の立て方が複数あることが多くあります。ある特定の仮説に対しても多くの可能な検定があり得ます。また、有意水準と呼ばれる偶然の許容範囲も様々な水準に設定することができます。

  科学研究はこれらの主観の要因に様々な方法で対処してきました。例えば、実生活上の事象に関するあるひとつの推測は異なる複数の数理的仮説の形をとって検定することができます。多くの単純な仮説に対しては、理論的な考察を通じて選択された標準的な検定方法があり、目的に合わせて検定方法を選ぶといった裁量の余地が少ないようになっています。また有意水準についても学界の標準として受け入れられているものがあります。ここまで述べたうえで、客観性は限定的なものであると認識しておくことは有益でしょう。

- 統計的に有意だからといって、直観的な意味で著しい違いがあるとは限りません。例えば、非喫煙者の肺がんの罹患率が .0129で、喫煙者のそれが .0131だったとしましょう。この場合でも、標本数を十分大きくとれば、２つの母集団の間に差がないという帰無仮説を棄却できるでしょう。それによって、喫煙が肺がんに関係しているということを検証できるわけです。さらに、このことは有意水準をいくらにしても言えることです。しかし、この差はそれほど重要なものとは言えないでしょう。喫煙は確率にして（.0129に対して）２%弱しか罹患率を押し上げません。そして全体としての危険度はいずれにせよ低いのです。実際、これらの（仮想的な）数字であれば、たとえ喫煙者の罹患率が非喫煙者と比して、統計的な意味で有意に高かったとしても、喫煙者は禁煙の必要性を認めないでしょう。

  統計学はこの問題に対処するためにより高度な手法を発展させてきました。とくに効果量（エフェクトサイズ）という概念は、効果の大きさと有意であることを検証するために用いられた標本数との間にトレードオフが生まれるように作られています。しかし、そのような高度な概念は新聞等ではお目にかかりません。実際、「科学者が○を示した」という記事を読んでも、用いられた検定の詳細についてはほとんど知ることができないのです。

- もう一つの問題は、有意水準の値は研究が計画された段階で計算されたものであるという点です。実際の研究では、データが収集されてから推測を行います。実際この慣行は科学的発見にとって重要なものです。データを観察しながら理論を構築するのは当然です。しかし、有意水準という概念はこの点を考慮に入れていません。さらに、母集団の中で様々な変数を計測した場合には、事後的に棄却できる仮説をいくつか見つけることは容易になってしまいます。科学的な実証分析ではこのような現象を避けるよう注意が払われています。しかし、科学的発見を私たちが普段耳にするときには、このような落とし穴に陥りやすいのです。

III

集団選択

私たちは、ここまで単独の意思決定者を想定してきました。この意思決定者は個人でもかまいませんし、国家や企業といった組織でもかまいません。また、1匹の動物、1つの種、場合によってはロボットのような無生物ということもあり得ます。これらの意思決定者は全て効用関数を持ち、確実な状況下、あるいは不確実な状況下で意思決定を行います。その際、正しかったり誤っていたりする統計的推論に基づいた客観的ないし主観的な予想に従うと見なすことができました。要するにここまでの議論は応用上極めて一般的なものでした。しかし、一つ以上の意思決定者がいるような状況においてどのような選択がなされるべきか、あるいはなされるだろうか、といったことについては何も語っていません。

社会科学の問題は多くの場合、複数の個人がいる状況を扱います。そこでの中心的課題は異なる個人の選好の折り合いをどうつけるかということです。例えば、各々の財を各個人にどれだけ配分するかを定めた選択肢からなる経済市場を考えてみましょう。各個人はお互いに似通っているかもしれませんが、各人が自分の取り分の多い選択肢を好むため、利害の不一致が起こりやすくなります。私たちはまた、ある国家の外交政策を考えることができますが、その際、国民全員が同じ事態に直面しながらも、その評価はまちまちとなります。またある場合には、選択肢の内容は各人の私的財の消費量と同時に経済全体の公共財（学校や病院、道路や軍隊など）の消費量となることもあります。この場合には、私的財の配分方法だけでなく、公共財の供給に関する選好の違いから意見が割れることもあり得ます。

各個人 i は選択肢の上に選好を持っています。選好が効用関数 u_i の最大化によって表現されていたとしましょう。個人の選好を元に社会の選好を定義することはできるでしょうか。言い換えると、人々の選好を集計することは可能なのでしょうか。

個人の選択を論じる際には記述理論と規範理論を明確には区別しませんでした。理由は、合理性の記述という概念が、成功した規範理論という概念と密接に関係していて、両方とも理論と行動の間の比較に関するものであるからです。ある規範理論が成功するとは、人々がその理論に従って行動したいと説得できるような状態です。一方、ある理論が合理的選択を記述しているとは、その理論を自分に当てはめられても困惑しないということであり、それに従いたくないと説得されないことです。２つの概念は同一のものではありません。ある行動形態が間違っていると説得できない（だから合理的選択を記述している）一方で、正しいとも説得できない（だから規範理論として成功しているとはいえない）ことはあり得るからです。それでもなお、これらの概念には密接な関係があります。

個人からなる集団を論じる際には、そうはなりません。各意思決定者は合理的で彼の行動を単独で変えるよう説得することはできないかもしれませんが、集団で協調して行動を変えるよう説得することはできるかもしれません。例えば、私たちは法制度を考え、その制度を所与のものとして個人の合理的選択の理論を考察することもできますが、その一方で法制度そのものを変更することを提案するような規範理論を考察することもできます。したがって、集団における合理的選択を論じる際には、個人の合理的選択を記述する記述理論と、社会全体に対して行動様式を提案するような規範理論とをより厳密に区別する必要があるのです。

第 III 部は規範理論から始め、選好をどのように集計すべきかを論じます。この議論はパレート最適という概念に結びつくでしょう。このどちらかと言えば弱い基準はその後に続く記述的な議論のベンチマークとなります。

Chapter 6

選好の集計

6.1　効用の和

選好を集計するには、方法は全ての個人の効用関数を足し合わせればよいように思えます。もし私たちが個人 i の厚生の尺度として効用関数 u_i を用いるのであれば、効用の和は社会全体の厚生の尺度となるでしょう。したがって、この和を最大化することは正しいことのように思えます。

この最大化はしばしば功利主義と呼ばれます。この概念はジェレミー・ベンサムによって18世紀末ごろに唱えられたものです。彼は「最大多数の最大幸福」という言葉を遺しました。19世紀半ばごろにはジョン・スチュアート・ミルがこの哲学的立場を精緻化しました。とくに、彼は功利主義の集計によって正当化されるべきでない効用の決定要因があるとしました。例えば、シャーデンフロイデ（他人の不幸を喜ぶこと）は、社会が最大化を目指す効用の和からは除外すべきだとしたのです。

功利主義は善と悪の観念を一般原則ではなく、帰結から導くものだとして、しばしば批判されます。イマニュエル・カントは最も著名な反功利主義者でしたが、ある行為の倫理性は人が従うべき一般規則によって定められるべきであり、その行為が導く特定の結果によって定められるべきではないとしました。数理モデルの文脈においてこの批判を解釈すれば、どの規則が守られ、どの規則が破られたかも帰結の中に含めよ、ということになります。そのような帰結の再定義は功利主義の数理モデルに非功利的な考えを盛り込むことを可能にするかもしれません。つまり、功利主義を一つの理論としてではなく、パラダイムとして用いることができるということです（7.1.8節参照）。

効用関数の足し算は期待効用を彷彿とさせます。期待効用は異なる世界状態や異なるシナリオについて効用関数を足し合わせるという操作をして求めるからです。実際、この数学的な類似性には極めて深いものがあります。ジョン・ハーサニー（1950年代）とジョン・ロールズ（1970年代）は、社会選択問題を考える際、意思決定者が生まれる前、まだ自分がどのような人間として生まれてくるかわからない段階でどのような選択をするだろうかという問いを立てることの必要性を説きました★1。この「無知のベール」の背後にある「原初状態」において、社会選択問題は不確実性下での意思決定と同一のものになります。もしこの時計の巻き戻しのような思考実験を受け入れるのであれば、そしてもし不確実性に直面したときに期待効用を最大化するのであれば、社会選択問題において功利主義を支持する理由になるでしょう。

無知のベールの背後にある仮想的な意思決定問題を論じつつも、期待効用最大化原理を拒否したいという考えもあるかもしれません。不確実性下の意思決定に関して異なる基準を持つとすれば、社会選択問題に関しても異なるアプローチを採ることになるでしょう。実際、ロールズは、最悪な状態で得られるものを最大化するというより堅実な基準が、最も不幸な人の厚生を最大化するという社会政策に結びつくことを示しました。

効用関数を足し合わせるという功利主義的な試みにはいくつかの問題があります。第1に、選好を表すために用いられている効用関数が実際に厚生や幸福度を測る尺度になっているかどうかは必ずしも明白ではありません（第10章参照）。第2に、ある個人の選択を記述する効用関数は一通りには定まりません。リスク下での選択のための vNM 効用関数ですら、定数を加えるという操作と正の定数をかけるという操作は認められています。この自由度があるだけで功利主義はうまく定義できないことになってしまいます。

この点を見るために、1、2という2人の個人を考えてみましょう。各選択肢 x に対し、$u_1(x)$ を1の効用、$u_2(x)$ を2の効用とします。単独の個人の効用を最大化したいだけなら、どのような変換を施すかという問題は生じません。$u_1(x)$ を最大化することと、$2u_1(x)+3$ を最大化することは同値だからです。さらに言えば、$u_1(x)$ の期待値を最大化することと、$2u_1(x)+3$ の期待値を最大化することも同値です。さらに、効用和を最大にする問題では、$u_1(x)$ に3を足しても答えは変わりません。その場合、全て効用の点は3だけ増加しますが、このシフトによって最適解 x が変わってしまうことはないのです。しかし、効用に2をかけてしまうと大きな変化が生じます。そのかけ算をすると、社会での個人1のウェイトが変わってしまうのです。

この点を具体的に見るために U を元の関数を足し合わせて作った功利主義的な集計関数だとしましょう。

$$U(x) = u_1(x) + u_2(x)$$

そして、V を個人1の効用を前段落のように変更した後に同様にして作った功利主義的な集計関数だとしましょう。

$$V(x) = (2u_1(x) + 3) + u_2(x)$$

さて、いま x と y という2つの選択肢があり、次のような効用値が割り振られているとします。

	u_1	u_2
x	0	10
y	8	0

このとき明らかなように、

$$U(x) > U(y) \quad \text{および} \quad V(x) < V(y)$$

が同時に成り立ってしまいます。

言い換えると、効用和の最大化の答えは、個人1の選好を表すのに $u_1(x)$ を用いるか、観察上それと同一である $2u_1(x) + 3$ を用いるか、で変わってしまいます。それに伴って社会的選好も異なるものとなってしまうのです。u_1 と $2u_1 + 3$ のうち、どちらの効用関数が「真」のものであるかという問いは科学的には意味がないものです。それにもかかわらず x と y の間の社会的選好関係はこの問いの答えに依存して変わってしまうのです。

効用最大化のもう一つの問題点は、正直な選好表明に関するものです。個人の効用関数を測るために選好に関する質問票を用意したとしましょう。回答は効用を個人間で足し合わせるために用いられることを知っている個々人は、自分の効用が良いほうと悪いほうとの間で非常にばらついているかのように申告するインセンティブを持ってしまいます。そうすることで合計したときに自分のウェイトを実質的に高めることができてしまうからです。したがって、たとえ u_1 と $2u_1 + 3$ とを見分けることができたとしても、全ての個人が正直にその効用関数を申告すると仮定するべきではないのです。

これら2つの問題——効用関数が唯一に定まらないという問題と個人が正直に申告しないという問題——は個人の実際の効用関数を無視して、共通の効用関数を社会計画者が課して、それに功利主義を適用すれば解決できます。この社会計画者、ないし公平な観察者は、(経済における財の束のような) 帰結の効用を判断し、質問票にも頼らず、個々人の選好にも注意を払うことなしに、この (単一の) 効用関数を用いて全員の効用を足し合わせたものを最大化する選択肢を選ぶのです。

このやり方には大きな長所があります。そして、おそらく実際に私たちが行っているやり方をうまく描写するようなモデルになっています。1日に100ドル稼ぐ個人1と5ドルしか稼げない個人2を考えてみましょう。2人の間の所得の再分配を考えているとします。個人1はこう主張します。私が100ドルから101ドルに所得が増加することで得られる効用の上昇分は非常に大きく、個人2の所得が5ドルから4ドルに下落することで生じる効用の損失分を凌いでいるというのです。このような主張は荒唐無稽なものであるように思われるかもしれません。でも、もし私たちが「効用の個人間比較」をする術を持っていなかったとしたら、このような主張をどうやって斥けたらよいかは明白ではありません。それに対し、単一の効用関数を採用し、それを全員の所得に適用し、それらを足し合わせるならば、そのような主張は的外れのものとなります。妥当と思われるどのような効用関数を選んだとしても、1日5ドルから4ドルへの下落に伴う効用の減少は1日100ドルから101ドルへの増加に伴う効用の上昇よりも大きいからです。

実際、貨幣の限界効用が (貨幣の保有量に関して) 減少していくと考えるならば――すなわち、効用関数が凹関数であると仮定するならば――個人間の効用和は平等主義的な配分を指向します。これはリスク回避の際に使われる論理とまったく同じものです。効用関数が凹関数ならば、期待効用は所得が平準化されているほうが高くなります。もし、(期待効用のケースで) 世界状態に関して和をとるのであれば、リスクが少ないほうを好むことになります。同様にもし、(功利主義のケースで) 個人に関して和をとるのであれば、格差が少ないほうを好むのです。

これが累進課税——すなわち、貧困者よりも富裕者がより高い限界税率に直面するという政策——に対する一つの正当化です。私たちは1ドルを富裕者に与えるか貧困者に与えるかの意思決定に直面するとき、後者をよしとするのです。

しかし、事前に特定化された効用関数を——個々人の好みにかかわらず——全ての個人に当てはめることは効用の個人間比較にはあたらないことを確認しておきましょう。個々人の効用関数を無視することで個人間比較の問題を避けているというのが本当のところなのです。このアプローチは所得分配の問題を考える際には威力を発揮しますが、財の種類が2つ以上あるようなより一般的な状況を考える場合にはあまり満足のいく方法ではありません。人々は異なる好みを持っており、それが取引を生み出す一つの理由です。また、多くの選択問題は財の再分配の問題ではなく、集団全体が行う選択に関する問題です。何人かの友人たちがどの映画に行くか話し合っているとき、あるいはある国が他国と戦争するかどうかを決めようとしているとき、選好やその集団にとって何がよいことかに関する意見が一致しないことが多々あるでしょう。これらの状況では集団内の各個人の選好を記述するような効用関数 u を仮定しても問題は解決しないのです。

まとめると、効用の集計は概念上も実際上も多くの難点はあるものの魅力的なオプションです。個々人の好みの違いを無視してもかまわないような再分配に関する問題の場合には適用できそうです。一般論としては、経済学者ができるだけ効用の個人間比較を避けようとする理由が理解できたと言ってよいでしょう。

6.2 コンドルセ・パラドクス

先の議論にあった効用の集計における深刻な概念上の問題は個々人の効用関数が一意に定まらない――「序数的」であって「基数的」ではない――という点にありました。したがって、観察可能なデータ、すなわち個々人が行う選択肢間の比較のみに着目し、何が言えるかを考えることには意義があるでしょう。とくに、2つの選択肢を比較する際に最も自然なやり方は投票を行って過半数を得たほうを採用するというものでしょう。このやり方は、争いを解決したり、選好を集計するうえで最も民主的かつ最も一般的に行われている非暴力的な方法です。

残念ながらそのような方法は滅多に合理的な解決方法とはなりません。18世紀にコンドルセ侯爵は次のようなパラドクスを示しました。3つの選択肢 x, y, z があり、次のような選好を持っている3人の個人がいるとしましょう。

	個人		
	1	2	3
順位 1	x	z	y
順位 2	y	x	z
順位 3	z	y	x

それぞれの列は各個人の選好を表していて、上から望ましさの順に並んでいます。この状況で、x と y を投票にかけると、x が 2/3 の過半数を得ます。個人1と2が y より x を好むのに対し、個人3のみが y を x より好むからです。つぎに x と z を投票にかけると、z が 2/3 の票を得て勝ちます（個人2と3が z に投票するからです）。最後に、この新しい勝者 z を y と勝負させると、y が勝ってしまいます（個人1と3

が投票するから)。このように投票における勝者はぐるぐるとサイクルを描いてしまうのです。投票という形で集計された社会の選好の推移性が満たされていないため、この方法で選好の集計を行うことが不可能となってしまうわけです。

コンドルセ・パラドクスは、逐次的な投票が人々によって操作されてしまうことも示しています。x, y, z という3つ選択肢から1つを選ぶ会議の議長を任されたとしましょう。さらに、調整がつかなかった場合にはデフォルトとして現状維持となることも選択肢の1つだとしておきましょう(一般的に決定しないという選択肢がある場合には、それも選択肢の1つとしてしまうわけです)。議長は会議参加者の選好を知っており、先の表で示したような選好に1/3ずつ分かれていたとします。議長は x, y, z の順に好んでいたとしましょう。このとき、議長はまず y と z の間での投票を提案することにします。このとき y が過半数を占めるので、z は排除されます。続いて y と x の間での投票を行います。このときは x が過半数を占めます。これを民主的な投票の結果として記録します。だれもが z と x なら z が過半数を占めることに気づいていますが、いったん排除された選択肢を蒸し返すのはあまり有益でないだろうということになるでしょう。

明らかに、この手法は x だけでなく、他のどの選択肢についても適用できてしまいます。どういう順で投票するかを提案することができる人物の思い通りに事が運んでしまうのです。現実には、より先読みができるので、どういった順序で提案を投票の俎上に乗せるかという点でもめることになるかもしれないし、戦略的な投票行動——自分の真の選好とは異なる候補へ投票するような行動——を採るかもしれません。しかし、重要な問題点はそのまま残ります。過半数投票は2つしか選択肢がない場合には有力な方法ですが、それ以上候補がある場合には問題なしとは言えないのです。

6.3 不可能性定理

6.3.1 アローの定理

多数決の何がいけなくて、非推移性のような問題が発生してしまうのでしょうか。二項間の選好を集計するのにより妥当な方法があるとは考えにくいでしょうが、もしかしたらそのような非整合的な選択に陥ることのないような集計方法が見つかるかもしれません。しかし、残念ながら、そのような集計方法がないことがケネス・アローによって証明されています★2。存在しないことが証明されてしまっているので、うまくいくような新しい集計方法を探すのは無意味なのです。

ここで、アローの定理を数学を使わずに述べておきましょう（フォーマルな命題は付録Bにあります）。少なくとも3つの選択肢があるとしましょう。各個人はこれらの選択肢の上に推移的な選好を持っています。社会選択問題を考えるときの入力情報は1人につき1つの選好を束ねた選好の組です。そのような入力を行うと、出力として1つの選好をもたらすような関数を考えます。このように生み出された社会の選好が（個人の選好同様に）推移的であればよいわけです。（個人のものも社会のものも含めて）全てのランキングには無差別（同順位）のものがないとしましょう。この仮定はなくてもよいのですが、以下の議論が少し簡単になります。

アローは集計された関数に2つの公理を課しました。

全会一致性：もし全ての人がyよりxを好むのであれば、社会もそうでなくてはならない。

この条件は一般にどのような集計関数も満たさなくてはならない最低の条件と考えられています。実際、反例を考えてみるとわかります。全ての人はxをyより好むのに、社会計画者はxではなくyを選ぶことになります。このような選択がどのような根拠で正当化されるかは不明でしょう。

無関係な選択肢からの独立性（IIA）〔IIA は Independence of Irrelevant Alternatives〕：ある特定の選択肢 x, y に関する社会的選好は個人の x, y に関する選好にのみ依存する。

全会一致性はある一つの選好の組に適用される公理であるのに対し、IIA は選好の組同士の間の関係に適用される公理です。２つの選好の組をとったとき、両者からそれぞれ得られる２つの社会的選好の間に一定の関係がなければならないということを要請するものなのです。注意してほしいのは、１つの選好の組にのみ着目したとき、そこから得られる社会的選好がどういうものであるべきかについては IIA は何も語らないという点です。IIA が要請するのは、もしある選好の組の下で社会的選好が x を y より好むのならば、別の選好の組をとってきたときに（そこでの x と y の個人の順序が前の選好の組と同じならば）、その下での社会的選好も x を y より好むというものでなくてはならないということなのです。この公理は後で詳しく議論します。現時点では基本的な論理を理解しておけば十分でしょう。

アローの定理は、これら二つの条件を満たす関数は**独裁的**なものだけである、と述べています。独裁的というのは、社会的選好が常にある特定の個人の選好に一致してしまう状態です。そのような関数が条件をうまく満たすのは簡単にわかります。もし社会的選好が常に個人１の選好と定義されるのであれば、全員が x を y より好む場合には社会的選好も x を y より好むものになります。なぜなら個人１も x を y より好んでいるからです。したがって、全会一致性が満たされます。次に、x と y の間の社会的選好は個人の x と y の間の選好にのみ依存します。なぜなら、社会的選好は個人１の x と y の間の選好そのものだからです。したがって、IIA も満たされます。

こうして、n 人の個人がいる場合、n 個の異なる独裁的な関数が二つのアローの条件を満たすことになります。そして驚くべきことに、条件を満たすのはこれらの独裁的な関数のみなのです。

この定理を理解するうえで重要なのは、不可能性定理の対象が関数であるという点です。すなわち、私たちが見つけようとしているのは選好を集計する一般的なルールであり、それはどのような選好の組であっても集計できるように設計されていなくてはならないのです。アローの不可能性定理はある特定の社会——ある特定の選好の組を持った社会——において選好を集計することはできないということを述べているわけではありません。そうではなくて、全ての可能な選好の組を整合的に集計する方法はないということを述べているのです。

この結果はアローの不可能性定理と呼ばれています。「不可能性」と呼ばれる理由は、選好の集計が何を意味するのであれ、独裁者を立てることではないという考えがあるからです。もし f が独裁的な関数であるのであれば、何も集計していないのと同じことです。妥協もなく、互恵性もなく、民主制のみの字もありません。別の表現をとれば、定理は（独裁的でないという意味で）自明でなく、二つの公理を満たすようなどのような集計も推移律を満たすことはない、ということを述べているのです。そのような集計方法を用いるなら、社会的選好はコンドルセ・パラドクスのように何らかの非推移性を示すことになるでしょう。

6.3.2 得点ルールと評価制度

IIA 公理は極めて自然なものですが、全会一致公理ほどの説得力はありません。例えば、次の 2 つの選好の組を考えてみましょう。各表が 1 つの選好の組を表しており、各表では各人の選好について、上から順に最も望ましいものから並んでいます。

	個人			
	1	2	3	4
第1位	x	x	a	a
第2位	a	a	b	b
第3位	b	b	y	y
第4位	y	y	x	x

そして

	個人			
	1	2	3	4
第1位	a	a	y	y
第2位	b	b	a	a
第3位	x	x	b	b
第4位	y	y	x	x

どちらの選好の組でもxとyの間の上下関係は同じです。個人1と2はともにxをyより好み、個人3と4はyをxより好んでいます。したがって、IIA公理に従えば、社会的集計関数の値として、一方の選好の組でxをyより好むとするならば、もう一方の組でもxをyより好み、逆ならば逆となるはずです。しかし、この結果はあまりうまくいかないようです。最初の選好の組ではxをyより好む2人の個人はxを第1位、yを第4位にしています。それに対して、yをxより好む2人の個人はxとyをともに下のほうに置いています。xをyより好む2人はxをyに比べてかなり強く好んでいるのに対し、yをxより好む2人のほうはそれほどでもないわけです。この場合には社会的にはxをyより好むとしてしまってもよいという考え方もあり得る

でしょう。２番目の選好の組ではこの関係が逆転しています。この場合には同様の理由により y を x より好むとしたほうがいいでしょう。しかし、そうするとIIA公理が満たされないことになってしまいます。

では、x を y より好む人はその逆の人よりも「かなり強く好んでいる」とはどういう意味なのでしょうか。私たちはすでに個人間での選好の比較はできないことを学びました。しかし、とある他の選択肢がある場合に、それらが x と y とどういう順序関係にあるのか——x と y の間にはさまっているのか、そうでないのか——についての情報は有用かもしれません。重要なのは、x と y の間にいくつの選択肢があるのかについての情報は選好の強度を間接的に測るのに使い得る観察可能な数値であるという点です。実際、もし各選択肢の価値がある同一分布により独立に割り当てられる場合には、x と y の間の値をとる選択肢の数は x と y の値の差に関する何らかの情報をもたらしてくれます。

要するに、IIA 公理は見かけほど説得力のあるものではないのです。そして、もし私たちがこの公理を捨ててもよいと考えるのなら、独裁性に頼らずとも全会一致性と推移性を満たす社会的選好は数多く見つけることができます。例えば、各個人が成績表の選択肢に順序をつけ、上から順に 4, 3, 2, 1 という点を与えるような場合を考えてみましょう。本節の最初の選好の組では、x の点数は最初の２人にとっては４点になるし、次の２人にとっては１点となります。同様に y の点数はそれぞれ、1, 1, 2, 2 となります。これらの点数を足し合わせて（あるいは同じことですが、平均点をとって）社会的効用関数を定義してもよいでしょう。すると、最初の選好の組では x が y よりも高得点となり、２番目の選好の組ではそれが逆転することになります。

この採点制度はボルダ・カウントと呼ばれています。ジャン＝シャルル・ド・ボルダによって1770年に提唱されました。明らかにこの集計関数は全会一致性を満たしています。しかし、全会一致性を満たす得点制度はこの他にも沢山あります。得点を1点刻みにする必要はないため、例えば、10, 9, 1, 0という点を配点してもかまわないのです。この場合も全員がxをyより好んでいれば、xにyよりも高い点数を与えるので、合計点でもxがyを上回ることになります。

選択肢の順位によって点数が決まる採点制度はスコアリング・ルールと呼ばれることもあります。より一般的には同点を許す採点制度を考えることもできるでしょう。また、異なる個人が異なる尺度を用いることもあり得ます、等々。鍵となる性質は各人が各選択肢に数値を割り当て、その合計値の大小で社会的選好を決めるという点です。これらの制度は全て、次のような望ましい性質を持っています。すなわち、互いに重なりのない2つの集団がともにxをyよりも好んでいたとするとこれらの集団を合わせた大きな集団でも同様の選好が保持されます★[3]。

多数決では、各個人が一つの選択肢を選んで投票します。社会の順位は各選択肢が受け取った票数で定義されます。これは（同点なしの）第1位の選択肢に1を割り当て、それ以外に0を割り当てるというスコアリング・ルールの特殊ケースとなります。

もう一つの特殊ケースは、各選択肢には1か0のみを割り当てますが、いくつの選択肢に1を割り当てるかは投票者が選べるようにするというものです。点数を足し合わせるということは、各選択肢について何人が1を割り当てたかを数えるのと同じになります。この投票方法は**信任投票**と呼ばれます。1970年代にロバート・ウェーバーの論文とスティーヴン・ブラムスおよびピーター・フィッシュバーンの2人の論文によって提唱されました★[4]。これは、投票者が1人の候補を選ぶのではなくて、どの候補を信任するかが問われているときに用いられるものです。

多数決よりも信任投票のほうが優れている点を見るために、次の例を考えてみましょう。米国の大統領選挙では、民主党と共和党を代表する2人の候補者が争うことが普通です。通常、それ以外に独立候補がいて、勝つ可能性はほとんどないのですが、何らかの理由で立候補することがあります。例えば、緑党候補が環境問題を喚起するために立候補することがあり得ます。彼が選挙に勝つ見込みはありませんが、重要な争点を提示し、選挙の行方を左右するかもしれません。そのような候補は、自分により近い考えを持つ民主党候補から票を奪い去るので立候補を取り止めるべきだという議論がなされてきました。

様々な例においてこのようなことが起こり得ることは容易にわかるでしょう。1つの陣営を複数の小陣営に分けると、元々少数派だった政党に敗れてしまう危険性は常にあります。例えば、左翼政党が60%の得票率を誇っていて、得票率40%の右翼政党に勝てる状況にあるとしましょう。ここでもし左翼政党が、大して政治的立ち位置の変わらない2つの党に分裂し、各々が30%の得票率になったとします。一緒に闘えば勝てますが、分離すると負けてしまい、明らかに右翼政党が勝つことになります。しかし、投票者の過半数は負けた方の政党のどちらかが政権を握ることを望んでいるのです。

一つの解決策は、フランスの大統領選挙でなされているように2回投票を行って、2回目には2人の候補による決選投票を行うというものです。前述の例では、決選投票で左翼政党が右翼政党を破ることになるでしょう。しかし場合によっては、2回戦でも不十分ということもあり得ます。それに対し、信任投票ではこの問題を回避することができます。例えば、左翼政党が分離した場合、有権者は左翼全体を弱めることなく、両方の左翼政党に信任票を投じることができるのです。

6.3.3　ギバート=サタスワイトの定理

前節の楽観論にもかかわらず、信任投票や一般的なスコアリング・ルールによっても問題は解決しません。その理由は、これらの方法でも有権者が自分の考えを正確に反映した選好を表明しないインセンティブを持ち得るからです。前述の例で、2つの左翼政党がともに60%の支持を得て、右翼政党が40%の支持を得ているとき、私が左翼政党の支持者だとすると、どう投票すべきでしょうか。

私は2つの左翼政党に信任票を投じるかもしれません。しかし、もし全ての左翼政党支持者が同様の投票を行えば、両者とも60%の信任を得て、右翼政党を破ることができます。これは私にとってはいい知らせです。ここで左翼政党が勝つというので一安心して、2つの左翼陣営のうちどちらが勝つかを気にかけるかもしれません。もし、一方の左翼政党を他方より好んでいるのであれば、私が最も望ましいと考えている政党にのみ信任票を投じるのがよりよい選択になります。でも、もし全員がこのような行為をすれば、多数決の状況に戻ってしまい、左翼政党は2つとも選挙に敗れてしまいます。

このように、信任投票は多数決同様、戦略的行動を誘発してしまうのです。有権者は独裁者であるかのごとく投票するインセンティブは持たず、他の有権者の行動を勘案して、それに最適反応しようとするのです。この戦略的投票行動は誠実な投票行動に比べ、負の意味合いを持っているわけではありません。独立系の緑党の候補が最も望ましいと考えている有権者が民主党に投票することは、何も不正直だとかいうわけではないのです。そのような有権者は民主的な社会に住んでいて、選挙結果は有権者間の妥協の産物であることを理解しているからです。勝つ見込みのある候補者の中で一番望ましい候補者を支持するというのは、できることと望ましいことを分けるということでもあります。この現象を高度な投票行動と呼んで、ナイーブな投票行動と区別することもできたでしょう。

しかし、たとえ戦略的投票行動を道徳律に反すると言って非難するわけではなくても、望ましくない結果を招来するかもしれないという懸念は残されたままです。例えば、何らかの理由で全ての人が独立系候補が民主党候補よりも多く得票するだろうと信じていたとしましょう。もしこの考えが流布していたとすると、独立系候補より民主党候補を支持する者の過半は民主党候補に投票するでしょう。言い換えると、戦略的投票行動は状況に応じて、必ずしも多数者の選好を反映しないような様々な結果を招来することになるのです。

こうなると、有権者が各自の実際の選好を表明するような投票制度を作ることができるのだろうかという自然な疑問が湧いてきます。すなわち、有権者が自分の選好を表明し、それに基づいて候補者の順位を決め、かつどの有権者も虚偽の表明をしないような制度を作ることができるだろうか、という疑問です。

この疑問に対し、アラン・ギバートとマーク・サタスワイトは1970年代に否という回答を示しました★5。虚偽の申告をするインセンティブがないような投票方法は独裁的なもの——独裁者を1人選んで、その選好に従って物事を決めるという制度——しかないことが示されたのです。

6.3.4 信任投票に関する議論

信任投票では、有権者は選択肢の順位を全て表明するのではなく、受け入れられる、ないし十分望ましいと見なされる選択肢の部分集合のみを表明します。この制度では有権者は自分にとって最悪の選択肢を信任するインセンティブは決して持たず、自分にとって最良の選択肢は必ず信任します。もし選択肢が3つのみであったなら、有権者は信任しないと決めた選択肢より望ましくない選択肢を信任するインセンティブを持つことはありません。とくに、もし有権者がx, y, zの順で望ましいと考えていたとすると、xのみを信任するか、xとyを信任するかのどちらかしかあり得ず、例えばyだけを信任したり、zを信任してyを信任しないということはあり得ないのです。

この性質は**誠実な投票行動**と呼ばれています。なぜなら、有権者はxをyより好むのに、yを信任してxは信任しないといった「虚偽」の申告をしないからです。残念ながら、信任投票は選択肢が3を超える場合には「誠実な投票行動」を導くとは限らないことが知られています。

6.3.5 結論

異なる個人の選好を集計する作業には様々な難点があります。効用の定義の問題、集計の整合性の問題、真実の選好を表明するインセンティブに関する問題です。私たちが現実の民主制のつくりを考えて、政治的妥協の過程を見て嘆くとき、理論的にすら魔法の解決法はないのだ、ということを頭の片隅に入れておくことは無駄ではないでしょう。

6.4 パレート最適性・効率性

選好の集計が困難であるという点を考えると、人はもっと謙虚な立場をとるかもしれません。何をしたいかを言う代わりに、絶対にやりたくないことを排除できるかを考えるかもしれないのです。とくに、私たちは全会一致性を尊重すべきです。全員にとってxが少なくともyと同程度には望ましいのなら社会的な選好も同様であるべきだという点は反論の余地のないことのように思われます。さらに、全員にとってxが少なくともyと同程度には望ましいと考えていて、少なくとも1人の個人はxをyより厳密に好むのであれば、社会的にもxをy

よりも厳密に望ましいと考えるべきだ、とも感じるでしょう。

この関係は**パレート支配**と呼ばれます。直観的には、x が y をパレート支配するというのは、x と y を投票にかけたとき、ある者は x に投票し、また別の者は無差別であるが、y でなく x を選ぶことに反対する者はいないという状況のときをいいます。

選択肢 x が**パレート最適**ないし**パレート効率的**というのは、達成可能な他のどのような選択肢 z によってもパレート支配されないときをいいます。「パレート最適」と「パレート効率的」という語句は同義であり、どちらもよく用いられます。残念ながら、どちらの語句も誤解を招くものです。この概念が経済学、ゲーム理論、社会選択論において最も重要な概念の一つであるのに、残念極まりないことです。人々はしばしば「最適」という語句に多くを読み込みすぎ、「効率的」という語句に十分な注意を払わないのです。この概念の限界を議論する6.5.2節では、なかでも「最適」が日常の用法と比べ、いかに限定的な意味で用いられているかを議論します。ここでは、「効率的」という語句がなぜその意味以上に重要かを説明していきます。

「効率性」という語句を理解するためには、私的財を消費する個人から成る経済を考えるのが有用でしょう。この語句は一国の外交政策など、どのような社会選択の問題に対しても応用することができるものですが、もともとはおそらく生産から派生したものです。実際、パレート効率性は資源が効率的に利用されているという要請を一般化したものです。仮に生産が効率的でなく、同一量の資源を用いて、各個人が各財をもっと保有することができる状況を考えてみましょう。個人が財の量が多いほうがいいと考えていれば、このことは最初の選択肢がパレート効率的でなかったことを意味することになります。こうして、技術的な非効率性はパレート非効率性を意味することになるのです。同様にパレート効率的ならば効率的な生産がなされていることになります。

しかし、効率的な生産だからといって、パレート効率的とは限りません。例えば、極めて効率的にブロッコリを大量に生産したとしましょう。同じ資源を用いてブロッコリの生産をこれ以上増やすことはできません。ああ、でも残念。その経済にいる誰もブロッコリが好きではないのです。ある人はバナナを、別な人はマンゴーを食べたいと思っています。こんなに沢山のブロッコリの代わりにバナナを生産することで、バナナ好きの人を幸せにできるし、マンゴーを生産すればマンゴー好きの人に感謝されるわけです。この場合、生産は効率的に行われていますが、配分はパレート効率的ではありません。私たちはみんなが嫌いなものを大量に生産せずに各個人の好みに合った食べ物を生産することでみんなの状況を改善することができるのです。

次に正しい生産物を効率的に生産したとしましょう。土地や水をブロッコリに使ってしまうかわりにバナナやマンゴーを生産します。さらに、生産は効率的に行われ、これ以上多くのバナナやマンゴーを作るのは無理だとしましょう。でも、問題が一つ残っています。マンゴーがバナナ好きの手にあり、バナナがマンゴー好きの手にある事態があり得るのです。経済は技術的には効率的な状態にあり、全体として見れば正しい財が生産されています。しかし、この配分はパレート効率的ではありません。個人間の取引が可能でバナナとマンゴーを交換して各人が自分の好きな財を手に入れることができるのならば、パレート改善となるのです。

したがって経済の文脈でいうパレート効率性では、財が効率的に生産されること、ちょうどよい量の財が生産されること、そしてうまく配分されること、が要請されます。「効率的」という語句は機械とか大量生産とか長時間労働といった面における技術的効率性のみを指すと捉えられがちです。これらのことは全てパレート効率性に関連していますが、パレート最適性は個人とそのニーズや好みを勘定に入れた概念です。とくに長時間労働は生産増につながるかもしれませんが、労働者がより自由時間を欲しているなら、パレート改善とはなりません。

最後にパレート効率性の概念は財やその生産にかかわる経済に限定されているわけではないということを念頭に置いておきましょう。この概念はどんな社会選択問題にも適用可能です。他の誰かを傷めることなく、誰の状況も改善できないということを意味するだけだからです。

パレート効率的な選択肢にのみ着目したほうがよさそうです。それ以外のもの——例えばyというパレート非効率な選択肢——を選ぶということは、全員にとってyよりも同程度には好まれて誰かしらにはyよりも厳密に好まれるxという選択肢を選ぶこともできたのにyを選んだ、ということを意味しています。だからパレート最適性・効率性は選好の集計に与えられる最小限の要請なのです。この条件は本当に困難なトレード・オフ——利害の不一致があって、個人間の効用比較が必要になるような問題——を避けています。多くの経済学者は、科学（経済学や他の社会科学）の役割はパレート最適性の概念までで終わっていて、それ以降の個人間のトレード・オフのある選択肢間の選択は他の分野の人々（哲学者や政治家）に任せるべきだと考えています。経済学者の中には、全会一致ではない選好といった理論的により基盤の弱い概念に入り込む者もいますが、パレート最適性の望ましさに関しては意見の一致を見ています。しかし、この緩い基準ですら簡単には満たされないのです。

6.5 パレート最適性の限界

以下の議論の多くは、経済学やゲーム理論における多くの議論同様、パレート最適性の周りを回ることになります。さらに、新聞紙面での経済論議ではしばしば最適性や効率性といった概念に言及がなされます。多くの読者はこれらの語句がパレート効率性を意味するものだとは気づかず、何を意味するものかも知らずにいます。したがって、この用語を理解すると同時にその限界を知ることが重要なのです。

6.5.1　平等には沈黙

パレート最適性（ないし効率性）の概念は個人間の効用比較という問題を避けているために、平等については何も言及しません。2人でパンを分けることを考えて、お互いに自分の取り分だけを気にかけ、なるべく多くの取り分を得たいと考えているとしましょう。これらの仮定の下ではどのような分け方もパレート最適なものとなります。1人が全てを取り、もう1人が飢え死にしたとしてもこの配分はパレート最適なのです。

6.5.2　半順序

パレート支配関係は半順序です。すなわち、2つの選択肢間の比較をすることができない場合もあるのです。ある個人が1つの選択肢を厳密に選好し、別の個人がまた別の選択肢を選好しているような真に興味深い問題はパレート支配によって解決することができません。

結果として、「最適性」という用語が混乱を招く場合があります。定義によって、選択肢 x が「最適である」とは、x よりも厳密に望ましいような選択肢 y が存在しないことです。選択肢 x が「最適値」であるとは、x が他のどの選択肢よりも少なくとも同程度に望ましいということです。

この「少なくとも同程度に望ましい」という関係が完全律を満た

し、どの２つの選択肢も比較可能であるならば、最適な選択肢は最適値であるというのは真です。これ以上改善できない選択肢もまた最良の選択肢です。それは唯一の最良の選択肢ではないかもしれませんが、それは最良のものの一つであり、全ての最良の選択肢は同等ということになるのです。

これは半順序では必ずしも成り立ちません。ある順序関係が半順序である場合、最適値は最適でなければなりませんが、その逆は真ではありません。最適な選択肢は他のいずれの選択肢よりも少なくとも同程度に望ましいとは限らないのです。最適な選択肢は、ある別な選択肢とは比較不可能であるかもしれません。極端なケースを考えてみましょう。もし、どの選択肢も他のいずれの選択肢とも比較ができないのであれば、全ての選択肢は最適になりますが、最適値になるものは一つもありません。

この点を強調しておくことは重要です。「最適」という用語は人々を混乱させがちです。私たちは通常、「背がより高い」とか「より大きい」とか「より速い」とかいうように、完全律を満たす順序を用いています。完全律を満たす順序の場合には、最適な選択肢は最適でない選択肢と比べ、少なくとも同程度には望ましいのです。しかし、半順序の場合にはそうはいきません。例えば、選択肢 x がパレート最適で選択肢 y がパレート最適でないからといって、x が y をパレート支配しているとは限らないのです。

２人で１斤のパンを分けるという些細な例を考えてみましょう。２つの数字の組で各々の人に与えられるパンの量を表すとします。例えば、$x=(1, 0)$ は、個人１が１斤すべてを得、個人２は何も得られないような選択肢です。１斤を同じ量に分ける均等な配分は $z=(0.5, 0.5)$ となります。それに対し、$y=(0.4, 0.4)$ は取り分は等しいですが、いくらか無駄になるような配分です（図6.1参照）。

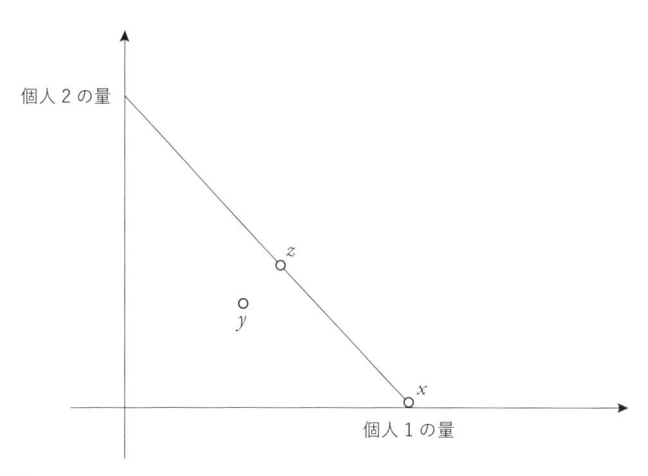

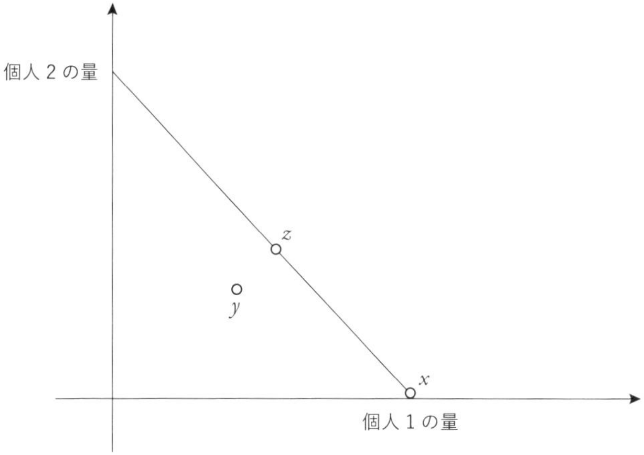

図 6.1

明らかにxはパレート最適な配分です。なぜなら、２人に同時により多くのパンを与えることができないからです。それに対し、yはパレート最適ではありません。実際、zはyをパレート支配しています。zでは、２人ともyより多くの分け前をもらっているからです。しかし、xはyをパレート支配しているわけではありません。個人１はyよりxを好みますが、個人２はそれとは逆の選好を持つからです。yがパレート最適でないということは、それをパレート支配する選択肢が存在するということであり、それがxである必要はないのです。

このように、パレート最適な選択肢（x）はパレート最適でない選択肢（y）をパレート支配するとは限りません。パレート最適だからという理由で、ある選択肢をそうでない選択肢よりも望ましいと決めつけてはならないのです。

このような例は経済学ではよくお目にかかります。市場に任せておくとxのような点が達成されてしまうため、平等性に着目すれば、１から２へ移転を行いたいと思うこともあるかもしれません。そのような移転が徴税を通じてなされると、生じる結果はパレート最適ではなくなることが多くなります。言ってみれば、yのような点が達成されるわけです。だからと言って、このような移転に反対であるということで意見の一致が見られるわけではありません。元の点がパレート最適だからといって、パレート最適でない新しい点をパレート支配するとは限らないからです。社会計画者はパレート最適ではない点をパレート最適な点よりも好む可能性もあります。実際、徴税を通じて富を富裕者から貧困者へ移転することで私たちはこのような作業を行っているのです。

6.5.3　主観的信念

不確実性があって客観的確率が与えられていない場合、人々は主観的確率を用いるかもしれません。このような場合、パレート支配という概念は、確実性下の状況や客観的確率が与えられている状況と比べて、説得力の弱いものとなってしまいます。理由は、効用とは違い、信念は誤ったものとなり得るからです。したがって、パレート支配に関する議論は、人々の違いが効用にのみ表れている場合には説得力がありますが、信念も異なる場合には説得力が弱くなってしまうのです。次の例を見てみましょう★6。

2人の男が決闘をしようとしています。2人とも相手を倒す確率が90%だと思っています。さらに、お互いにもし相手を倒す確率が80%以下なら町から逃げ出したほうがましだと考えています。でも、彼らは非常に異なる信念を持っており、相反する選好を持っている（相手を倒すほうがよい）ので、両者とも決闘を好むことになります。言い換えると、決闘をすることは決闘を避けることをパレート支配しているのです。しかし、この場合、パレート最適だからという理由で、決闘が望ましいとしてよいかどうかは明白ではありません。なぜなら男たちの信念は非常に異なっており、２人の選好を同時に正当化するような信念はあり得ないからです。このような「支配」関係に直面すると、肩をすくめざるを得ないことも十分あり得るのでしょう。

話が決闘である必要はありません。１年後の石油価格について賭けをする状況でもかまいません。もし彼らがリスク回避的ならば、決闘の場合と同様、賭けに合意するような信念は存在しません。私たちはどちらの主観的確率が間違っているのかを知ることはできませんが、２人とも正しいことはあり得ないということはわかります。このような場合には、パレート支配される選択肢に陥ることもあり得るのです。

Chapter 7

ゲームと均衡

7.1 囚人のジレンマ

7.1.1 基本の話

まず、有名な囚人のジレンマの元の話をしておきましょう。2人の男が犯罪を犯します。警察は2人が犯人だという確信を持って逮捕しましたが、十分な証拠がなく、少なくともどちらか一方が自白しないかぎり立件できません。そこで警察はつぎのような取引を容疑者に持ちかけます。それぞれ自白すれば相応の減刑が得られます。もし片方だけが自白すれば、証人として法廷に立ち、罪を免れるだけでなく、褒賞が得られます（共犯者の友人から逃れて、バハマに行かせてもらえるのです）。もし両者が自白した場合には、ともに罰せられますが、警察に協力したということで減刑されます。どちらも自白しなければ、起訴できず証拠不十分で釈放されます。これらのことは明確かつ公正に記されており、偽りも非対称情報もありません。しかし、2人の容疑者は別々の独房に入れられていて、それぞれ独立に自分の採り得る選択肢を吟味し、意思決定を行うこととなります。

このような状況で囚人たちはそれぞれ次のように考えます。「あいつが自白したとしよう。すると、おれは自白をして減刑されるか、自白せずに長いムショ暮らしをすることになる。しかし、もしあいつが黙っていた場合には、おれも黙っていれば無罪放免だ。しかし、自白すればバハマでのんびり暮らせるというわけか。ってことはどの道自白したほうが得するってわけだ」。

こうして、2人とも自白し、服役することになります。でも、もし2人とも黙っていれば無罪です。この例のすごいところは各個人は明らかに合理的なことをしているにもかかわらず、2人をグループとして見ると合理的とは言えない結果となっているという点です。2人とも減刑されるものの服役するという結果はともに無罪放免となるという別の結果にパレート支配されているのです。

この状況をゲームとして考えるとよいでしょう。**ゲーム**はつぎの要素からなります。すなわち、プレイヤーの集合、各プレイヤーにとっての戦略の集合および同じく各プレイヤーの効用関数です。この効用関数は全てのプレイヤーの戦略の組に対して定義されます。重要なことは、全てのプレイヤーの選択が、その選択をしたプレイヤーだけでなく、他のプレイヤーたちにも影響を及ぼすという点です。

いま考えている状況では、2人のプレイヤーがいて、それぞれがCとDという2つの戦略を持っていることになります。ここでCはcooperate（協力）、Dはdefect（裏切り）を表します。戦略Cは（警察にではなく）他のプレイヤーに協力するということを意味し、一般的に他のプレイヤーにとってよいことをするとか、社会契約に従うといったことを示します。一方Dはそうした社会契約から逸脱する、ないし利己的に振る舞うということを意味します。この例では、Cは黙秘を守り友人を陥れないこと、Dは自分の利益のために友人を陥れることになります。

この状況はGame 1のようにモデル化できます。

Game 1　囚人のジレンマ

	C	D
C	(3, 3)	(0, 4)
D	(4, 0)	(1, 1)

それぞれの（ ）において、左側の数字がプレイヤーI（横の行を選ぶプレイヤー）の利得（効用）を表し、右側の数字がプレイヤーII（縦の列を選ぶプレイヤー）の利得を表します。それぞれの数字は大小関係だけが重要で、値自体に意味があるわけではありません。

ここでゲームにおける戦略間の支配関係という概念を導入しておきましょう。この概念はゲーム理論で基本的なもので、囚人のジレンマ以外にも応用がききます。

7.1.2　支配される戦略

プレイヤーIの選択を考えてみましょう。すると、相手プレイヤーの手にかかわらず、CよりもDのほうがより高い利得をもたらしてくれることがわかります（プレイヤーIIがCをとる第1列では$4 > 3$となるし、Dをとる第2列では$1 > 0$となります）。このようなとき、DがCを強く支配（**強支配**）するといいます。私たちは戦略sがtを強支配するということと、**弱支配**するということを区別します。前者は相手プレイヤーの手にかかわらずsがtよりも常に高い利得をもたらしてくれることを意味するのに対し、後者はsがtよりも高くなるような相手プレイヤーの手が1つありさえすれば、その他の相手プレイヤーの手の場合にはsでの利得がtでの利得を下回らなければ同点でもかまいません。論理構造上は、弱支配とパレート最適性とは同じ形をしています。「相手プレイヤーの手」という文言を「個人」に置き換えれば、弱支配の定義はそのままパレート最適性の定義となります。

Game 2 に見られるような囚人のジレンマの変形版を考えてみましょう。このゲームは Game 1 とは 1 箇所だけ、(D, C) がとられたときのプレイヤー I の利得が 4 から 3 になっている点が異なっています。プレイヤー I にとって、戦略 D は戦略 C を弱支配していますが、強支配はしていません。なぜならプレイヤー II が C をとったとき、I の C と D は同じ利得をもたらすからです。

Game 2　囚人のジレンマの変形版

	C	D
C	(3, 3)	(0, 4)
D	(3, 0)	(1, 1)

通常支配される戦略は選択されることがないと思われてます。強支配に関しては、この予想は非常に説得力があります。Game 2 におけるプレイヤー II の戦略 D を見てみましょう。元のゲーム (Game 1) と同様、プレイヤー II にとって D は C を強支配しています。もし (プレイヤー I にとって) 行が 1 つしかないならば、プレイヤー II が C ではなく D をとるという予想はトートロジーです。なぜなら選ばれるほうにより高い効用の値を割り当てるのが、私たちが行う作業だからです。それに対し、いま見ているような一般の利得行列においては、選ばれるほうに高い効用値を割り当てるといった作業がそもそもできません。それでも、強支配される戦略ではなく強支配する戦略が選ばれるとするのは、記述的にも規範的にも合理性に関する緩やかな仮定といってよさそうです。もし、プレイヤーがベイジアンで、他のプレイヤーの手に関して確率的な信念を持っているならば、vNM 公理の下では、強支配する戦略が選ばれることになります。しかし、たとえプレイヤーが相手の手に関して何の確率的予想も立てていないとしても、支配の論理は同様に説得力を持つでしょう。

弱支配はやや弱い概念です。例えば、もしプレイヤーIがベイジアン・プレイヤーで、何らかの理由によってプレイヤーIIが戦略Cを確実に採るだろうと確信しているならば、Dだけではなくて Dに弱支配されているCも最適反応になります。確かにCからDに変更しても損することはないのですが、プレイヤーIIがCを採っているなら得することもないのです。それでも弱支配される戦略がプレイされると考えることは理にかなっています。もしプレイヤーIがベイジアン・プレイヤーでなく相手の選択がどうなるか確証がない場合には、弱支配であろうと、支配するほうの戦略を採ったほうが安全です。また、ベイジアン・プレイヤーであっても信念が極端なものではなく、相手の採りうる戦略全てに正の確率を付与している場合には、同じ結論が言えることになります。実際、相手が採りうるどの戦略をも誤って採ってしまう可能性が少しでもあると考えるのならば、弱支配と強支配は同じ結果を導くことになるのです。

Game 1と2では戦略が2つしかないため、DがCを支配するということは必然的に他の全ての戦略を支配するということを意味します。このとき、Dを**支配**戦略と呼びます。「支配する」「支配される」「支配関係」という用語は2つの戦略の間の関係を表すのに対し、支配戦略といったときの「支配」はある特定の戦略——他の全ての戦略を支配する戦略——を意味することに気をつけましょう。

ゲームに（あるプレイヤーに関して）支配される戦略が複数あるとき、それらを削除して残ったゲームで何が起こるかを見ることができます。このときしばしば新しい支配関係が現れます。例えば、Game 2においてプレイヤーIIの強支配される戦略Cを削除すると、残ったゲームではプレイヤーIに関してDがCを強支配することになります。同様のことは弱支配関係でも起こり得ます。残念ながら弱支配関係は他のプレイヤーの戦略を削除することで解消してしまうこともあり得ます。このようなことは強支配関係では生じません。

支配される戦略は採られないだろうという仮定は、プレイヤーの合理性に関する緩やかな仮定——プレイヤー自身の効用関数に照らして、支配されるような選択肢は避けられるだろうという仮定——に基づいています。しかし、支配される戦略を削除して残ったゲームで新たな支配関係を探す際には、プレイヤーの行動と推論に関してさらなる仮定を置いていることになります。このような支配される戦略の削除の繰り返しはプレイヤーの合理性だけでなく、プレイヤーが相手が合理的であることを知っており、そのため相手が支配される戦略を採るようなことはしないだろうという予想の元に成り立っています。繰り返し削除を３回行う場合にはさらに、「相手が合理的であることを自分が知っている」ことを知っている必要があります。このように支配される戦略の繰り返し削除を順々に行う場合、それぞれの段階ではみんなが合理的であることをみんなが知っていて、それをみんなが知っていて……というように、みんなが知っているということを一段階ずつ付け加える必要があるのです。

支配される戦略の繰り返し削除を正当化するもう一つのやり方は、ある行動——すなわち支配される戦略を相手が採らない事態を観察したプレイヤーがその戦略を無視して最適に行動する状況を考えるという行動——が時間軸の中で徐々に行われていくという動学過程を考えるというものです。この場合、繰り返し削除で後のほうに削除される戦略が採られないことに気づくには時間がかかることになります。後のほうにならなければ削除されない戦略ほど、それが本当に採られないという予想は不確かなものとなるのです。

7.1.3 再び囚人のジレンマへ

このようなわけでプレイヤーが支配される戦略を採ることはないと

いう命題には留保条件が必要です。何度も繰り返し削除を続けた後に残ったゲームにこの概念を適用することには必ずしも妥当性がありません。支配関係が弱支配である場合、とくにそれが繰り返し削除の過程で生じる場合もあまり妥当ではありません。また、ゲームが大きい場合にはプレイヤーがそもそも支配関係にある2つの戦略に気づかないこともあり得るでしょう。

これらの留保条件はどれも囚人のジレンマには当てはまりません。戦略Dは戦略Cを支配します。この支配関係は強支配関係であり、繰り返し削除も要求されません。さらに、このゲームは考えうる中で最も単純なゲームであり、各自2つの戦略しかありません。したがって、私たちはプレイヤーIがDを採り、同様にプレイヤーIIもDを採ることを予想します。よって（D, D）がプレイされることとなり、利得は（1, 1）となります。しかし、2人は（C, C）を採ってパレート優位な（3, 3）という利得をもたらすこともできたはずです。利得行列を見れば個人合理性が必ずしも集団合理性を意味しないことは明白です。各プレイヤーは合理性が要請するように、自分で決められることと決められないこことを区別します。行を選ぶプレイヤーは、列は選べないことを理解したうえで列ごとの利得を比較します。同様に列を選ぶプレイヤーは、行を選ぶことはできないことを理解したうえで行ごとに利得を比較します。しかし、どちらも対角線にある利得を比較することはありません。もちろん、利得行列を見て、（3, 3）が（1, 1）よりもどちらにとってもよいことはわかります。しかし、どちらもこの比較に基づいて意思決定をすることはできません。どちらも単独で対角線上を一方から他方に移ることはできないのです。それは希望的観測と同じことであり、できないことをできると思ってしまうことと同じなのです。

7.1.4 効用の意味

囚人のジレンマは社会科学において最良かつ最悪の寓話の一つです。その単純さには驚くべきものがあります。この問題をこれまで一度も考えてこなかったのであれば、そしてもし人々は自分が制御可能なことだけに専念し、自分の利得を追求するべきだと考えるのであれば、この例は社会関係に対するものの見方を変えるかもしれません。しかし、囚人に関する話を選んだことは考え得る限り最悪の選択の一つでもあります。問題なのは囚人たちが互いに何の誠意も持たない利己的な人間で、もし彼らがもっと利他的であれば問題は解決したのに、と読者に思わせてしまう点です。また、ゲーム理論家は何が人々を動機づけるのかを理解しておらず、利己的な動機しかわかっておらず、さらに悪いことには利己心を助長しているとも言われてきました。ゲーム理論家と呼ばれる人にとってゲーム理論家に悪評が立つことはもちろん残念なことですが、このような考えは囚人のジレンマの一番重要なメッセージをぼやかしてしまうことになります。囚人のジレンマには何の問題もないと思うかもしれませんが、実のところ大いに問題があるのです。

囚人たちが最悪の選択をしたからといって、ゲーム理論の創始者たちが責められるべきことではありません。この例は1950年代にランド研究所とプリンストン大学で議論され、メリル・フラッドとメルヴィン・ドレッシャーに帰すことができます。彼らは、当時ゲーム理論に興味を抱いた他の数人の研究者同様数学者でした。この小さなグループは囚人たちの話は単なる比喩であって、ゲームの利得表に書き入れるべき数字は選好から導かれたvNM効用関数の値であるべきだということに気づいていました。彼らはこの例がこれほどまでに有名になり、これほどまでに混乱を引き起こすとは想像だにしていなかったのです。

これまでに記述した方法によれば、私たちはまず初めに行動を観察し、それから選択肢に効用値を付与します。個々人はそのような表現が存在するために必要な公理を満たすとは限らないものの、もし公理が満たされるのであれば、（期待）効用最大化はトートロジーになります。効用値は物質的、心理的、社会学的等々の利得を反映したものとなっています。もし自分の子どもと囚人のジレンマをプレイする羽目になり、子どもの代わりに牢屋に入ることを望むのであれば、自分が牢屋に入って相手（子ども）が無罪放免となるほうが、その逆よりも高い効用値をもたらします。いったんゲームがGame 1のように定式化されてしまえば、そこでの不等式4 > 3はそのようなことを全て考慮に入れた後、相手が協力しても自分は裏切ったほうがよいということを示していると考えるべきなのです。もしそうでないならば、私たちは異なる数値を当てはめなくてはなりません。すなわち、私たちは囚人のジレンマではないゲームを扱うことになってしまうのです。

もしGame 1が当てはまるような実生活上の状況がなかったとしたら、何の問題もないでしょう。残念ながら現実はそうではありません。現実には単純化すればGame 1がぴったり当てはまるような状況が多くあり、そのような状況では合理的な個人がパレート劣位な結果に陥ることが予想されます。この点をより明確に見るために、異なる話を考えてみましょう。今、あなたがたまたまある人と会ってゲームをするとします。この人は知らない人で二度と会うこともありません。各プレイヤーは2つのボタンが描かれてあるコンピュータモニタの前に座ります。最初のボタンをタッチすると銀行があなたに1,000ドルくれるとしましょう。2番目のボタンをタッチすると銀行が相手に3,000ドルあげるとします。このお金は銀行からの賞金であなたの口座から払われるわけではありません。状況は相手にとっても同じであるとします。すなわち、相手は銀行から1,000ドルもらうかあなたに3,000ドル銀行から渡すかを選択するとします。このときあなたはどうするでしょうか。

あなたは相手が何をしようとも、最初のボタンをタッチすれば1,000ドル分小遣いが増えることに気づくでしょう。もしこれが両者の選択だとすると、両者ともに1,000ドル得ることになります。しかし、もし各人が相手に賞金をあげていたなら、両者ともに3,000ドルを手にすることができるのです。この話で明らかなように、もし自分のお金だけが重要ならば、このゲームはGame 1とまったく同じです（ドルで表すため1000倍する必要はありますが）。各プレイヤーにとって戦略DはCを支配しており、実際Dを採ればCを採ったときよりちょうど1,000ドル得します。しかし（D, D）は（C, C）よりパレート劣位にあるのです。

元の囚人のジレンマのように、この話でもモデルがこの状況の本質を捉えているか否かは明白ではありません。あなたは自分自身の銀行口座の残高のみを気にしているとは限らないでしょう。あなたは利他的な人間かもしれません。しかし、それならば、この状況はGame 1では表せないことになります。2番目の話の詳細部分は、利他心、忠誠心、将来の関係などの要素を極力排除することによってGame 1の利得をより現実的なものにするために加えられたものです。おそらく読者はいまだGame 1がこの話に当てはまるモデルではないと考えるかもしれません。しかし、言いたいことは、もしプレイヤーにとって重要な全ての要素を利得行列に取り入れてあるのであれば、（D, D）は合理性に関する非常に緩やかな仮定から導かれるという点なのです。

7.1.5 教 訓

囚人のジレンマの要点は個人合理性が集団合理性に結びつかないような社会関係が数多くあるというものです。これらの状況を踏まえ、私たちはゲームのルールをどのように変えればプレイヤーたちに（C, C）をプレイさせることができるかを考えるべきです。利他心が問題を解決してくれると仮定するのはあまりに危険すぎるでしょう。繰り返しになりますが、もし利他心で十分ならば、始めから効用関数に反映されているでしょう。残念ながら利他心だけでは問題は解決するとは限らないのです。

人類史上の大いなる過ちのうちいくつかのものは人々が実際よりも親切でやさしくてより利他的になれるという仮定と関連づけることができます。共産主義が好きか嫌いかはともかく、共産主義が現実よりも望ましいもののような印象をもたらしたのは明らかです。もし人々が他人の福利を十分に自分の効用関数に取り込んでいたなら、共産主義はもっとうまくいったでしょう。しかし、共産主義の大規模な遂行には秘密警察が不可欠でした。共産主義の高邁な精神は協力行動を生み出すには不十分だったのです。社会工学の観点からは共産主義者の理想は第1章で述べた非合理性によって挫かれているともいえるでしょう。それは人間の本性を所与として何が実現可能かを問わずに何が社会にとって望ましいかを問うていたのです。

利他心の存在そのものは疑いようがありません。それは人々の善行、ボランティア、寄付などから一目瞭然です。しかし、利他心には限界があります。病院、学校、道路、軍隊といった共同体全体に資する公共財を考えてみましょう。公共財と呼ばれる理由は、存在することによって共同体の成員全員が便益を得るからです。1単位の公共財は多くの個人によって同時に消費されることができます。この性質はトマトのような私的財とは対極をなします（1個のトマトを複数の人が

１個ずつ食べることはできません)。典型的には私たちが所得の一部を寄付して病院や学校を作ったほうが、寄付せずに作らないよりも全ての人にとって望ましいのです。公共財は典型的には国家や地方自治体のような公共機関によって供給されます。公共財を供給する資金は通常これらの機関が税金を徴収することで賄われます。なぜでしょうか。なぜ自発的な寄付によって供給されないのでしょうか。

この状況は多くのプレイヤーによる囚人のジレンマの状況によく似ています。全員が寄付しないよりも全員が寄付したほうがいいことは間違いありません。しかし、この比較はいわば対角線上のものでしかなく、個人が直面する選択を表しているわけではありません。各個人は、他の人々の行動を所与として自分は寄付をすべきか否かを自問します。各人は自分にこう言い聞かせることができます。「他人の寄付総額がどうであれ、私自身の寄付の影響は微々たるものだ。それに対し、今月はきびしい月だった。寄付を今月だけスキップすればずいぶん楽になる」。結果的に、全てではないにせよ多くの個人が寄付をやめてしまい、公共財は供給されなくなってしまうのです。

公共財供給が寄付によって賄われるか税収を通じて政府によって賄われるかはイデオロギーや文化も含めた多くの要素に依存します。たとえば米国では西欧と比較して多くが自発的な寄付に任されています。しかし米国ですら連邦や州の所得税はあるし、(軍隊のような) 巨額の支出は自発的な寄付には任されていません。重要な点は、税金の場合、納税義務に違反すると罰則が用意されているところです。納税しなければ投獄されることになるかもしれないのです。

したがって、私たちは囚人のジレンマを比喩と捉えなくてはなりません。囚人のジレンマは何もお互いを裏切ったり誠実だったりする容疑者の話をしたいわけではありませんし、私たちは利他的であるべきだとか人々が実際にどの程度利他的であるかを認識すべきだとかいった言明を云々するものでもありません。囚人のジレンマは社会の制度設計に関わる問題です。囚人のジレンマは様々な状況においてルールを変えなければパレート最適な結果を得ることはできないという警告を私たちに与えてくれる比喩なのです。

7.1.6 ゲームのルールを変える

Game 1 で人々が C をプレイするとしたら素晴らしいことです。したがって、私たちは人々が C をプレイすることが合理的であるようにしたいのです。C を支配戦略にする必要はなく、相手が C を採るなら自分も C を採ることが合理的であるという状況にできさえすればよいのです。この目的のためには、利得を 1 箇所変えるだけで十分です。それは Game 1 の 4 という利得です。もし相手が C を採って自分が D を採ったとき、4 を得るのではなくて、罰を加えられて、自分の効用が -1 になってしまうとしましょう。この罰則は利得行列の中で最低のものとなりますが、3 より小さい数値ならば何でもよいのです。今、私たちは次の利得行列を得たことになります。

Game 3　罰則によって利得を修正された囚人のジレンマ

	C	D
C	(3, 3)	(0, −1)
D	(−1, 0)	(1, 1)

このゲームにおいては (C, C) は妥当な予測です。もし相手が C をプレイするとお互いが予想するならば両者にとって C をプレイすることが最適反応となります。これは**ナッシュ均衡**と呼ばれる状況です★1。もし両者とも相手が D をプレイすると予想した場合には D を採ることが望ましいことになります。すなわち、(D, D) もまたナッシュ均衡です。しかし、D はもはや支配戦略ではありません。そし

て、もし（C, C）を共通の予想にすることができれば、協力が達成されることになります。規範的アプローチを採るなら、プレイヤーに（C, C）をプレイするよう薦めることができ、そのような推薦は妥当なものとなります。

どのようにして4を－1に変えるのでしょうか。ひとつの方法はすでに議論しました。所得税の例では法制度が利得を変える一つの方法です。税金を払わなければ牢屋に入るということです。この方法は、牢屋が不足してだれも納税しないような状況では信憑性のある脅しとはならないかもしれません。しかし、もしみんなが納税しているような状況では信憑性のある脅しとなり、脱税すると極めて低い利得（効用）が待っていると人々を得心させることができるのです。

法制度は囚人のジレンマ的状況に対する解決策になります。民主主義国では、多くの法律は次の2つの特徴を持っています。(1) だれもその法律を守らない状態よりもみんながそれを守る状態のほうがみんなにとって望ましい、(2) みんなが法律を守るか否かにかかわらずある人が法律に従うことから免除されるならばその人が得をする。そのような状況が特定された場合には、リベラルな人でさえ、個人の権利を制限する法律に賛成するでしょう。

しかし、法律を成立させ、遵守させるのは複雑で困難なことかもしれません。しばしば社会規範はより低コストで同様の目的を達成することができます。法律を破っても起訴し、有罪とするまでには時間と手間がかかります。仮にあなたが運転中にクラクションを鳴らしたりゴミを捨てたりしたとしましょう。法律を破る行為と見なされるかもしれませんが、それを起訴したり立証したりするには時間と手間がかかります。それよりはみんなが顔をしかめ、反社会的行為をしているという意識を持たせるほうが手っ取り早いでしょう。このような場合には社会的制裁が利得を変化させ、協力的行動を均衡にすることで事足りるのです。

法律に実効性を持たせるには、警察や裁判所が必要です。それに対し、社会規範に実効性を持たせるために必要なのは他の人々のみです。でも、私たちはさらに望ましいことができます。もし、裏切った場合の利得を罪悪感によって変えることができるのであれば、協力を均衡として維持するのに、部外者すら必要なくなるのです。子どものころ、母親がゴミのポイ捨てはいけないことだと教え込んでいたとしましょう。そうすれば大きくなってから、周りにだれもいなくてもゴミのポイ捨てに罪悪感を覚えるかもしれません。このように罪悪感を植え付けることは利得を変えるのに効果的な方法になり得るのです。もしかしたら、あまりに効果がありすぎて、周りの人々がポイ捨てをしているときでさえ、そうすることに罪悪感を覚えるかもしれません。

協力をもたらすために最も効果的かつ最も無害な方法は状況によって異なります。協力解が均衡にならないような状況もあるでしょう。しかし、最も大切なことは、囚人のジレンマのような社会状況があり得て、そのような場合には利得を変えるために法律や社会規範や教育を用いることができるという可能性を念頭に置いておくべきだ、という点なのです。

7.1.7 繰り返し

ゲームの利得を変えるもう一つの重要な方法は、そのゲームを繰り返し行うことです。もしゲームが1回以上プレイされるのであれば、各プレイヤーの行動は過去に依存して変わってくる可能性があります。したがって、あるプレイヤーが現在の選択肢について考えているときには、ご褒美や罰則といったものも含めた他のプレイヤーの反応も考慮に入れなくてはなりません。これらの可能性が生じるやいなや、囚人のジレンマで裏切ることは支配戦略ではなくなります。とくに他のプレイヤーがCにはCで、DにはDで対応してくるときには、現在Cを採ることが望ましいことになるかもしれないのです。

ゲームの繰り返し——すなわち長期にわたる交流——がもたらす便益は日常生活でもおなじみのものです。プレイヤーたちが毎回同じでなくてはならないわけではありません。彼らがある集団から選ばれて、同じプレイヤーと再び出会う可能性が高かったり、そうでなくともそのプレイヤーの知り合いや知り合いの知り合いと出会う可能性があったりすれば十分です。この場合、自分の悪行は巡り巡って自分に跳ね返ってくる可能性があります。それを考慮に入れると、1回の儲けのために、Cという社会規範を破るのは得策ではないということになるかもしれません。しかし、もし集団が非常に大きく、相手やその知り合い（ないしその知り合いの……の知り合い）に再び会う可能性が非常に小さいならば、将来損する可能性が低いと判断してDを採るほうに傾くかもしれません。

ここから学べることは、利己的で非協力的に振る舞う誘惑があるときには、大きな集団より小さな集団でのほうが協力行動が達成されやすいということです。大都市と静かな郊外では自動車の運転マナーは異なります。同じ人間と再び出会う可能性が高いと、そうでないときに比べて、相手の権利を尊重する傾向にかたむきます。数人の仲間うちでキッチンを使用するときのほうが、何百人もが利用するときに比べて、きれいに使うことになります。

同様の直観に基づき、Cが社会貢献を表し、Dが責任回避を表すとすると、共産主義は大きなコミューンよりも小さなコミューンでうまくいくことがわかります。実際、イスラエルのキブツは、他のどのような共産主義国家よりも共産主義の理想に近い状態を保っていました。数百人規模ならば、繰り返しの状況が協力戦略をもたらしてくれますが、それが数百万人規模になると、責任回避行動への誘惑が大きくなり、秘密警察がそのような理想を維持するために必要になってこざるを得なくなるのです。

7.1.8 カントの定言命法と黄金律

カントは人の道徳哲学は定言命法に従わなくてはならないと提言しました。すなわち、「普遍的な法則になるべき行動原理にのみ従って行動せよ」としたのです★2。カント哲学は本書の範囲外ではありますが、道徳的判断の直観的な基準ともなるので、定言命題の実用版について触れておきましょう。ある子どもが騒いでいるとき、「みんなが同じように騒いだらどうなると思うか考えてみなさい」と言われるかもしれません。適当な言葉が見当たらないので、カントに倣って、このような命令文も定言命法と呼ぶことにしましょう。

この定言命法は元の囚人のジレンマ（Game 1）の利得 4 を変える試みと見なすこともできます。あなたが D をプレイして高い利得を得ようとしているまさにそのときにカントが現れて、もしみんなが D をとってあなたも 1 しか得られなかったらどうかと考えろと告げるわけです。あるいは、物質的には高い利得でも一般則を破ったときの帰結を考えてみることもできるでしょう。

定言命法を受け入れることは 1 がもたらされるならば 4 という利得をあきらめるという道徳的選択をすることと同じであるという点を理解することが重要です。明らかに、1 人が D を選択することが他のプレイヤーも D を選択することにはなりません。ゲーム行列を描くとき、プレイヤーたちが互いに独立した意思決定者であることが暗黙的に了解されています。もしあなたが D をプレイするなら相手も D をプレイするだろうと考えることは過ちです。このことは、もしあなたがあなたの鏡像とプレイしているとしても同じです。その場合はゲームは次のようになります。

Game 4　鏡像とプレイする囚人のジレンマ

	鏡
C	(3, 3)
D	(1, 1)

すなわち、行を選ぶプレイヤー（あなた）はＣとＤの間で選択することができますが、その際鏡像も同じ手を採ることを知っているのです。この場合には、Ｃは明らかに支配戦略です。しかし、私たちはこのようなゲームをプレイしているわけではありません。私たちは２人の独立した意思決定者を見ているのであり、定言命法は因果関係がないにもかかわらず、彼らの利得を変えようとする試みと見なすことができるのです。

定言命法が帰納法と結びついていること――特定の行為を普遍則の一例と見なすという点――には触れておく価値があるでしょう。しかし、定言命法の応用可能性と道徳的妥当性は限られています。なぜなら、何が適切な普遍化かが明らかであるとは限らないからです。些細な例として、私が自分の居間でコーヒーを飲むことが倫理的か否かという問題を考えてみましょう。適切な普遍化は、「みんなが私の居間でコーヒーを飲む」ではなく、「みんなが各々自分の居間でコーヒーを飲む」というものであるべきなのは一見明白のように思えます。しかし、場合によっては適切な普遍化はそれほど明白ではありません。米国へのヨーロッパ人の移民の問題を道徳的観点から判断しようとしているとしましょう。一つの可能な普遍化は「より優れた技術力を持つ全ての国は他国を侵略し、征服する」というものです。もう一つの普遍化は「全ての空腹と迫害に苛まれる人々は自由で人の少ない土地に移り住もうとする」というものです。どちらも一つの事例を普遍化したものと見なすことができます。しかし、これらの命題を受け容れるか否かについては二つの間で大きな隔たりがあるでしょう。難しいのは、ある行為に賛成したり反対したりする議論そのものが普遍化の方向を決めてしまう、すなわち人はしばしば自分にとって都合のよい事例だけが含まれるように普遍化しがちであるという点です。この点で原理としての定言命法は道徳的なジレンマを解決するに際して役に立つとは限らないのです。

ただ、定言命法は、道徳的判断が私たちのアイデンティティに依存してなされるべきでないということを訴えている点で役立つものです。私たちが道徳的と考えているものは何であれ、他の個人にも普遍化することができるはずのものです。そして、私たちは自分自身を他人と異なる基準で判断すべきではありません。この点で定言命法は黄金律——「あなたが扱われたいと思うやり方で他の人を扱いなさい」——を想起させます。黄金律はギリシャ哲学や他の古代文明に登場します。これもまた、仮想的な状況を想像させることで利得を変えようとする試みです。黄金律は役割交換のみを想像するよう要請します。それに対し、カントの定言命法はみんなが自分と同様のことをする状況を想像するよう要請します。したがって、定言命法が要求する認知的行為はより高度なものです。なぜなら、私たちが見たこともないような状況を想像するよう私たちに迫るからです。しかし、両者とも、利得を変える方策であり、実際に用いている利得関数ではなく、用いるべき利得関数を定義しようとするものと見なすことができます。

7.2 ナッシュ均衡

7.2.1 定 義

前述したように、プレイヤーたちの戦略の組が「ナッシュ均衡」であるとは、各プレイヤーの戦略が他のプレイヤーの戦略に対する最適反応になっていることです。

7.2.2 正当化

ナッシュ均衡という概念はなぜ興味深いのでしょうか。なぜ私たちはプレイヤーたちがナッシュ均衡をプレイすると考えなくてはならないのでしょうか。各プレイヤーは他のプレイヤーたちが自分の手とは独立に手を選ぶと考え、この制約の下で自分の効用を最大化しようとすると考えてもよいでしょう。これはまさに制約条件付き最大化問題が指示するものです。しかし、各プレイヤーはどうやって他のプレイヤーが採る手を知るのでしょうか。

そのような知識ないし信念の生じ方はいくつかあります。一つは過去の歴史です。あるゲームがある大規模集団からランダムに抽出されたプレイヤーたちによって過去に何度も何度もプレイされているとしましょう。このとき、過去の歴史が蓄積されていき、プレイヤーたちはそこから学ぶことができます。同時に、同じプレイヤーと再び出会う確率は低いので、各ラウンドで最適な選択をしようとすると考えられます。すなわち、この状況はご褒美や報復といった将来の効果を考慮に入れるべき繰り返しゲームではありません。さらに、この状況で同じ戦略が長い間採られていたとしましょう。このとき、戦略がナッシュ均衡になっていないとしたら、いささか妙です。過去の歴史が十分に規則正しいものであるならば、私たちは次のことを予想できるでしょう。(1) プレイヤーは他のプレイヤーがやることを学ぶ、そして (2) それに対して最適に反応する。かくしてナッシュ均衡は、このような大規模集団から人々がランダムに抽出されるときに最低限満たすべき条件となります。

ナッシュ均衡が生じるもう一つのシナリオはだれか調停者がゲームのプレイを提案するというものです。プレイヤーたちが一緒に提案を受け、その後それを踏まえつつも独自にプレイする状況を考えてみましょう。もし提案がナッシュ均衡でなかったとしたら、だれかが提案に従わなかったとしても驚くには当たりません。提案が受け容れられるには、他のプレイヤーたちが提案を受け容れることを前提に各自が提案に従うことが必要であり、それはまさに提案がナッシュ均衡であることに他ならないのです。

しかし、過去の歴史や調停者や他の調整機能なしにナッシュ均衡が実現する理由は明白ではないということを指摘するのは重要です。さらに、歴史はナッシュ均衡に収束するとは限らないし、そのような収束が生じる動学過程がある保証もありません。

もし私たちの手元にあるのが、人々が合理的で、他のプレイヤーが合理的であることを知っていて、他のプレイヤーがそれを知っていることを知っていて……という仮定のみであるとしたら、私たちが辿り着くのは1980年代にダグラス・バーンハイムとデヴィッド・ピアスが提唱した合理化可能性（ラショナライザビリティ）という概念です[★3]。ある戦略が**合理化可能**であるとは、それが他のプレイヤーの戦略分布に対する最適反応であり、かつそれら他のプレイヤーの戦略が別の（同じでもよいが）戦略分布に対する最適反応になっており……という状況が成立しているときをいいます。ナッシュ均衡で用いられる戦略はどれも合理化可能です。ナッシュ均衡では、各人が他のプレイヤーの戦略分布に対して最適反応を採っており、かつその戦略分布が実際の戦略分布に等しいことが要請されます。とくに、他のプレイヤーに関する予想は、彼ら自身の（正しい）予想の下で最適な戦略を採るというものになっています。しかし、合理化可能な戦略の組は必ずしもナッシュ均衡とはなりません。なぜならば合理化可能性という概念は人々の予想が正しいことも共通のものであることも前提としていないからです。

7.2.3　混合戦略

マッチング・ペニーは、2人のプレイヤーが同時にポケットからコインを取り出して見せ合う古典的なゲームです。各自は表と裏のどちらかを選ぶことができます。プレイヤー1が勝つのは、2つのコインが同じ側となったとき、またそのときのみです。彼らが1ドルを賭けたとしましょう。このときゲームは図のようになります。

Game 5　**マッチング・ペニー**

	表	裏
表	(1, −1)	(−1, 1)
裏	(−1, 1)	(1, −1)

このゲームでは（表、表）（表、裏）（裏、表）（裏、裏）という4つの組み合わせの中にはナッシュ均衡がありません。直観的に明らかなように、どの場合にも負けるプレイヤーがおり、そのプレイヤーが自分の手（のみ）を変えることで1ドル儲けることができるからです。

マッチング・ペニーというゲームはボードゲームやスポーツといった実際のゲームを彷彿とさせます。例えば、サッカーのペナルティ・キックを考えてみましょう。横の行を選ぶプレイヤーはボールを蹴る側で左右どちらに蹴るかを選び、縦の列を選ぶ側はゴールキーパーで左右どちらに跳ぶかを選びます。これら2つの選択肢しかないとして、2人は同時に意思決定をするとします（とくにゴールキーパーはボールを捕るためには、その行方を見定める前に跳ばなくてはならないとします）。このとき、ペナルティ・キックはGame 5の行列で表したようなゲームに似通ったものとなるでしょう。実際、このようなゲームでは4つの手の組み合わせの中には均衡は存在しません。もし両方とも相手の手の内を知っているならば、どちらか一方が異なる戦略を選択するインセンティブを持つからです。

このようなゲームでは何が起こるでしょうか。各プレイヤーは相手に手の内を読まれないようにするでしょう。私たちはこの状況をプレイヤーがランダムに手を採るとしてモデル化することができます。彼らの選択が真の意味でランダムである必要はありません。相手から見たときにランダムに見えさえすればよいのです。ランダムな方法で戦略を選ぶことを**混合戦略**と呼びます。それに対し、元の、ある手を確実に採るという戦略を**純粋戦略**と呼びます。

プレイヤーがランダムに手を採ることを認めると、利得もランダムになりますが、そのときプレイヤーはランダムな利得をどのように評価するでしょうか。標準的な仮定は、vNM 定理が提唱するように、期待利得を最大化するというものです。精確に述べると、もしプレイヤーが vNM の公理を満たすとすると、私たちはゲームをモデル化する際に、vNM 効用関数を使わなくてはならないことになります。このとき、プレイヤーはゲーム行列の数値の期待値を最大化します。この仮定の下で、ナッシュは（ナッシュ）均衡が常に存在する——すなわち、全ての有限ゲームは最低 1 つのナッシュ均衡を持つ——ことを証明しました。

混合戦略のナッシュ均衡にはいくつかの解釈がありますが、それはおおよそ前述した確率の解釈に対応したものです。最も単純な解釈は、経験頻度の概念に対応したもので、プレイヤーたちが大きな母集団からランダムに選ばれて同じゲームを何度も繰り返す状況を想定します。その状況である特定のゲームでのプレイヤーを取り出してみましょう。そのプレイヤーは他のプレイヤーが何をするだろうか、それを元にして何が私の最適な選択だろうか、といったことを考えるでしょう。

ランダム・マッチングの仮定は両方の質問に対する単純な回答を与

えてくれます。第１に、過去の同様の状況における他のプレイヤーの選択を観察したとすれば、その相対頻度を次の期における選択の分布と見なすことができるでしょう。第２に、近い将来に再会することがないだろうと考えれば、将来の見返りや仕返しといった長期関係を無視して現在の期待利得を最大化するインセンティブを持つことになるでしょう。

もし、ゲームが同一のプレイヤー同士によって繰り返しプレイされるならば、採り得る戦略の短期的な結果だけでなく、将来に対する影響も考慮に入れなくてはならなくなります。その結果、当該ゲームは何期間も続く大きなゲームを１回だけプレイするものと考えなくてはならなくなります。

過去の経験や歴史がない場合、プレイヤーは主観的確率を用いることになるかもしれません。これは「信念としての均衡」としてナッシュ均衡を捉えるという解釈に対応します。この解釈によれば、混合戦略はプレイヤーの実際のランダムな選択を反映しているわけではなく、むしろ選択に関する他のプレイヤーたちの信念を反映したものとなっています。均衡概念は全てのプレイヤーが同じ信念を共有することを暗黙裡に仮定しています。さらに、もし私たちが均衡を実際の行動の予測として用いたいのであれば、これらの信念が正しいということも仮定しなくてはなりません。

ナッシュ均衡の存在は理論的観点から重要です。しかし、いくつかの留保があります。第１に混合戦略の存在は１回きりのゲームに対する反証可能な予想を提供してはくれません。混合戦略は多くの繰り返しの状況における平均頻度として解釈することができますが、１回きりのゲームで何がプレイされるかを予測するものではないからです。第２に、純粋戦略のナッシュ均衡について述べたように、妥当な動学過程がナッシュ均衡に収束するという保証は一般的にないという点です。最後に、朗報として、応用上は一般的な存在定理は必要とは限らないという点を挙げておきましょう。例えば、純粋戦略のナッシュ均衡は常に存在するわけではないことが知られています。しかし、純粋戦略のナッシュ均衡が存在するようなゲームに分析を限れば、一般的な存在定理に依存することなく、ナッシュ均衡を予測に用いることが可能となります。

7.3　均衡選択

ナッシュ均衡が存在することがわかったので、それが唯一つ存在するものかどうかを考えていきましょう。もしそうなら、全てのゲームでナッシュ均衡はきちんと定義された予測をもたらすことができるでしょう。残念ながら、ナッシュ均衡は唯一つだけ存在するとは限りません。まずは単純な２人ゲームから始め、多くのプレイヤーがいるより現実的な例へと進めていきましょう。

7.3.1　定型化された例

最も単純な例を考えるために、右側を運転すべきか左側を運転すべきかという問題を考えてみましょう。２台の車が１度だけすれ違う状況を考えます。このゲームは下記のようにモデル化できるでしょう。

Game 6　純粋協調ゲーム 1

	R	L
R	(1, 1)	(0, 0)
L	(0, 0)	(1, 1)

２人の運転手は、同じ側を選べばうまくすれ違うことができ（利得1を得)、異なる側を選ぶとすれ違いがうまくいきません（利得0を得

る)。このゲームでは (R, R) と (L, L) が純粋戦略の均衡となっており、現実でも両者とも観察されます(米国と英国が例として挙げられます)。明らかに、これら2つの戦略の間には完全な対称性があり、前もってどちらの均衡がよいか理論的に定めることはできません。

このゲームは純粋な協調ゲームであって、両者の間には何の利害対立もありません。彼らは単に協調したいだけです。それにもかかわらず、場合によってはうまく協調できず、衝突してしまうかもしれません。したがって、この場合にはどちら側を運転するかを定める法が有用になります。ここでの法の役割は囚人のジレンマのような状況を解決するためではなく、協調するための装置を提供することにあります。

純粋協調ゲームはプレイヤーの視点からは同等でないナッシュ均衡を持つこともあります。例えば、プレイヤーIとIIが一緒に食事をしたいと思っているとしましょう。選択肢としてレストランAとBがあるとします。2人ともBよりもAのほうが好みですが、一番の目標は一緒になることです。もし一緒になれなかったらレストランでの食事は止めてしまうとします。このとき、ゲームは次のGame 7のようになるでしょう。

Game 7　純粋協調ゲーム2

	A	B
A	(3, 3)	(0, 0)
B	(0, 0)	(1, 1)

このゲームでも2つのナッシュ均衡があります。この場合、プレイヤーが賢明でAで協調することを私たちは期待するかもしれません。しかし、もし理由が何であれ、プレイヤーたちがBで落ち合うと信じていたならば、実際にBに行くインセンティブがあります。この

ような場合には、法によるにせよ規則によるにせよ、協調を援けるだけでなく、パレート支配される均衡を排除して、「悪い」選択肢が採られないようにすることが望まれます。

純粋協調ゲームでないゲームの中には、協調と競争の両側面を持つものもあります。例えば、「男女の争い」というお互いを愛しているカップルの話では、2人はバレエに行くかボクシングの試合に行くかを決めなくてはなりません。重要なのは、これらの選択が個別になされるという点です。どちらも独りでは楽しめません。しかし、一緒に観るときには、好みが分かれるのです。このゲームはGame 8のように表されます。

Game 8　**男女の争い**

	バレエ	ボクシング
バレエ	(2, 1)	(0, 0)
ボクシング	(0, 0)	(1, 2)

(男女のステレオタイプ的な選好に固執したいのなら、女性が横の行を選ぶプレイヤーで男性が縦の列を選ぶプレイヤーとしてもよいでしょう)。ここでもまた、2つのナッシュ均衡が存在します。ただし、このゲームではどちらの均衡が望ましいかがプレイヤーにとって異なります。

Game 6, 7, 8のどれをとっても、混合戦略のナッシュ均衡も存在します。しかし、これらのゲームにおける予測としてはあまり妥当なものとは言えないでしょう。もし信念を少しぶれさせると、最適反応は混合戦略ではなくどちらかの純粋戦略のナッシュ均衡に変わってしまうからです。

最後に、(ジャン゠ジャック・ルソーの比喩にちなんだ) 鹿狩り (スタグハント) ゲームを考えましょう。2人の猟師が狩りをしに森へ行きます。各人は兎か鹿のどちらかを追います。鹿のほうがいい獲物ですが、鹿狩りのためには両者の協力が必要です。兎は小さな獲物ですが、各人は独りで兎を得ることが可能です。このゲームはGame 9のように表現されます。

Game 9　**鹿狩りゲーム**

	鹿	兎
鹿	(10, 10)	(0, 7)
兎	(7, 0)	(7, 7)

（鹿、鹿）も（兎、兎）も純粋戦略のナッシュ均衡です。前者のほうが後者よりもパレートの意味で望ましいのですが、純粋協調ゲームと異なり、パレート支配的な均衡はリスクのある均衡でもあります。もしあなたが鹿を追って、仲間のほうが兎を追ったとしたら、あなたは何も手に入れることができません。もし相手がそういった均衡戦略を採るかもしれないという疑いを持つのであれば、兎のほうを真剣に考え始めるでしょう。そして、仲間のほうもそう考えるかもしれないという疑念は、より安全な獲物である兎のほうに変えることを促すだけです。ジョン・ハーサニーとラインハルト・ゼルテンの用語を借りれば、（兎、兎）という均衡は（鹿、鹿）という均衡を**リスク支配**します。なぜならば、「兎」という戦略のほうが、より広範な相手プレイヤーの行動に関する信念に対して最適反応となっているからです★4。

7.3.2　現実事例

革命　過半の国民に嫌われている全体主義体制があったとしましょう。体制維持のために軍隊と秘密警察に依拠しています。もし、ごく一部の国民が非合法的な活動を行ったとしたら、彼らは処罰されます。しかし、もし十分に大きな集団が蜂起に加わったならば、体制は覆されます。この状況を国民の間のゲームと見なし、反抗と忍従という２つの選択肢があるとすると、２つのナッシュ均衡が存在することになります。１つの均衡からもう１つの均衡への推移は革命とかクーデターと呼ばれるものです。現実には体制転覆の試みは成功したり失敗したりします。すなわち、政治体制に多少の変動があった場合、１つの均衡に落ち着いたり、別の均衡に行き着いたりするわけです。どちらの均衡がプレイされるかを予測することはしばしば困難なものとなってしまいます。

取り付け　銀行は、人々がお金を預け、必要なときに引き出すという考えに則っています。引き出しの時点がランダムならば、銀行は預金の一部のみを手元に保有しておいて、残りを貸し付けに回すことができます。しかし何らかの理由で、ある朝全ての顧客が窓口に来て引き出しを求めたとすると、銀行は全ての支払いに応じることができなくなり、倒産してしまいます。

顧客はお金を引き出すべきでしょうか。これは時と場合によります。もし、他の人々が引き出さないだろうと信じているならば、銀行は健全なままであり、預金を引き出す必要性も発生しません。むしろ、銀行に預けておいて幾分かでも利子を稼いだほうがいいでしょう。しかし、もし他の顧客が引き出そうとしていると信じるのであれば、銀行は倒産の危機にあり、お金をできるだけ早く引き出したほうがよいことになります。これは取り付けという現象を招来します。人々は銀行がまだお金を持っているうちに預金を引き出そうとするのです。

この状況は多くのプレイヤーがいて、２つの純粋戦略のナッシュ均衡があるゲームと見なすことができます。うち１つの均衡はみんなが銀行を信用し、信用するから問題が起こらないというものであり、もう１つはだれも銀行を信用せず、信用しないから問題が生じるというものです。ここでの均衡選択は極めて重大な帰結をもたらします。金融システムの安定か金融危機かのふたつにひとつが招来されるのです。

法令順守　新しい禁煙法が国会を通ったとしましょう。この新法は順守されるかもしれないし、無視されるかもしれません。多くの国において、紙の上では存在はするが、実効性は持たない法律があります。この法律の運命はどうなるでしょう。

これまでの例のように、このゲームには2つの妥当な均衡があります。もし人々が法律を守るのであれば、法律に違反した個人は罰せられることになるでしょう。したがって、法令順守が均衡となります。しかし、みんなが法律を無視しているならば、国家は全ての違反を取り締まる力がなく、その場合には法律を無視することが最適反応となるでしょう。

結論　これら全ての例において、各均衡は自己実現的な予測を満たすものとなっています。均衡の選択は理論分析だけでは不十分です。どの均衡が選ばれるかを予測するためには、文化や歴史を理解する必要もあります。ゲーム理論は私たちの思考を明確にし、実現するかもしれないシナリオを絞り込むには強力な道具となりますが、唯一つの予測を与えてくれるわけではありません。分析的思考は妥当な帰結を探し出すには有用なものですが、歴史の知識、制度の細部への理解、直観といったものにとって代わることはできないのです。

7.4　コミットメントの力

「男女の争い」(Game 8) をもう一度考えてみましょう。このゲームには2つの純粋戦略のナッシュ均衡があります。一方は片方のプレイヤーに好まれ、もう一方は別のプレイヤーに好まれています。仮に、いま縦の列を選ぶ男性プレイヤーがランニング・シューズを履いて家を出てしまったとしましょう。そして、この動きをバレエには行かないという一方的なコミットメントであると解釈してみましょう（バレエ劇場にはランニング・シューズでは入れません）。すなわち、男性は自分の選択肢の一方を消去したことになります。次に何が起きるでしょうか。男性がバレエに行けないことを知った女性は次のような縮小ゲームに直面することになります。

Game 10　列を一つ消去した後の「男女の争い」

	ボクシング
バレエ	(0, 0)
ボクシング	(1, 2)

この状況における女性の最適反応はボクシングの試合に行くことです。もちろんこれは元のゲームにおいて男性が望んでいたナッシュ均衡です。こうして、男性はコミットする——自分の選択肢を消去する——ことで得をすることができます。男性は、２つの純粋戦略のナッシュ均衡のあるゲームではなく、唯一の均衡があるゲームを生み出したのです。どちらの均衡がプレイされるかという不確実性の代わりに、相手に自分の好みの均衡を押し付けてしまったわけです。

先に進む前に一つ注意点を述べておきます。ゲーム理論的な分析は、現在議論しているゲームが全てのプレイヤーの全ての関連のある手を記述しているということを仮定しています。したがって、もしプレイヤーが実際に戦略の一部を消去したり、他のプレイヤーにシグナルを送ったり、その他何らかの方法でゲームの性質を変えることができるのであれば、これらの手もゲームに最初から含めておかなくてはなりません。バレエとボクシングの例で、もし本当に男性がランニング・シューズを履いて出かけてしまうという選択肢と家に留まって交渉するという選択肢を持っていたとしたら、それはゲームの一部——おそらく、「男女の争い」をプレイする前の第一段階——として、記述されていなければならなかったはずです。言い換えると、Game 8 に記述された「男女の争い」では暗黙裡にコミットメントなどの追加的な手を採ることはできないということが仮定されていたのです。ランニング・シューズ付きのゲームは、たとえ Game 8 に似ているものであっても、異なるゲームとして扱わなくてはならないのです。

自分の選択肢を消去することで得することがあり得るという事実はゲーム的状況に特異なものです。1人の意思決定問題においては、このような現象には出会いません。古典的な意味で合理的なプレイヤーは選択肢が増えるときにのみ得をすることがあります。実際、もし追加的な選択肢が好ましいものでなければ、選択しなければよいでしょう。認知的な制約や自制心の問題に直面する場合は別です。しかし、このような問題を持たない古典的な意味での合理的個人は選択肢の付加によって損することもなければ、消去によって得することもないのです。

それに対して、戦略的関係の中では選択肢の消去——すなわち、ある戦略にコミットすること——によって得することがあります。選択肢が少ないことそれ自体によって得するわけではありません。他のプレイヤーが消去された選択肢を採ることはないと知ることによって得をするのです。

コミットメントの力は国際政治ではおなじみのものです。2つの核の超大国 A と B の間の脆い平和を考えてみましょう。A は限定的な方法で B を攻撃するかもしれません。それに対し、B はそれに応戦して争いがエスカレートするか新しい和平合意の交渉をするかを決めなくてはなりません。もし B が合理的ならば、実際に攻撃された場合、後者の選択肢が望ましいと考えているかもしれません。もし、Aがこのこと——Bは十分合理的でAに反撃して紛争をエスカレートするのは得策ではないということ——を知っているならば、とりあえず得をするために攻撃を仕掛けるという誘惑に駆られるでしょう。さて、ここでBが自動報復装置の設置を検討しているとします。これはプレイヤーによる意思決定なしに攻撃に対して反撃するというものです。このような自動報復装置はある種の戦略（反応）にコミットします——つまり自分自身の戦略の一部を消去するというものになります。しかし、このコミットメントはAの先制攻撃を思い留まらせるという点でBの得になるものです。

同様のものとして、脆弱性へのコミットメントも有用なものとなる可能性があります。前述の例を考えてBがAの先制攻撃の威力を大幅に減殺させるようなミサイル防衛システムを配備するとしましょう。Bはこのようなシステムを配備することによって攻撃をよりしやすくなります。そして、このことに気づいたAはBによる攻撃を阻止するために先制攻撃を仕掛けようとするかもしれません。それに対し、もしBの防衛システムが脆弱なものであるならば、攻撃を仕掛ける意図はないことをAにシグナルすることとなり、それによってAが先制攻撃を仕掛けるインセンティブを減らすことになります。

7.5　共有知識

ナッシュ均衡の議論は一般的に、そしてその中でも均衡選択の議論はとくに、他のプレイヤーも含めた外界に関する知識や信念の問題に触れることになります。これらのプレイヤーの行動に関する推論をしようとすれば、他の人々が何を知っていて何を信じているかということを考えなくてはなりません。そうすればおのずと、他のプレイヤーも自分たちと同様に他のプレイヤーについて考えている、ということに思い至ります。すぐにわかることですが、他のプレイヤーがどう考えているかについて他のプレイヤーがどう考えているかについて他のプレイヤーがどう考えているか、といったことを知ることが大切だということに気づきます。

ある個人の集団において、ある事実をみなが知っていて、その事実をみなが知っているということをみなが知っていて、云々という状態にあるとき、その事実を**共有知識**と呼びます。この概念は哲学では（1960年代後半に）デヴィッド・ルイスによって、ゲーム理論では（1970年代半ばに）ロバート・オーマンによって、コンピュータ・サイエンスでは（1980年代初頭に）ジョセフ・ハルパーンとヨラム・モーゼスによって開発されました[★5]。ルイスは社会慣習に、オーマンはゲームにおける均衡に、ハルパーンとモーゼスはコンピュータ間の協調の問題に興味を抱いたのです。

均衡行動について考えるときに気づくのは、合理的プレイヤーが均衡をプレイする理由を正当化するためには共有知識に極めて近い概念に頼っているという点です。合理的なプレイヤーは他のプレイヤーが各々の均衡戦略を採ろうとしていると考えるならば自分も均衡戦略を採ります。均衡を正当化するだけならば、この1階層の信念以上のものは必要ではありません。しかし、もし他のプレイヤーも推論する存在だとするならば、私たちは当該プレイヤーになぜ他のプレイヤーが均衡戦略を採ると予想するのかと問うてみることができます。そのときそのプレイヤーはおそらく、「彼らは合理的で、彼らにとっての最適反応を採るだろうから」と答えるでしょう。しかしこの答えは、彼の頭の中には他のプレイヤーたちも当該均衡がプレイされると考えているという考えがあるということに他なりません。そして、私たちがもしさらに掘り下げて、彼らがそのように考えると考える理由は何かと彼に問うならば、彼の第3階層の信念——すなわち、他のプレイヤーがどう考えるかということを他のプレイヤーがどう考えるかということを彼がどう考えるかという問題——に踏み込むことになります。

7.6 展開形ゲーム

前節までのゲームは行列によって定義されていました。行と列で戦略を表し、行列の数値で効用関数を定めました。この定式化は2人以上のゲームにも拡張でき、ゲームの**標準形**とか**戦略形**と呼ばれています。この形式のゲームは時間軸を記述することなしに全ての戦略を羅列するものです。

もう一つのゲームをモデル化する方法はプレイヤーの行動を時間軸に沿って記述していくものです。この**展開形**と呼ばれる表現において、ゲームは樹によって記述されます。各節《ふし》にはプレイヤーが割り当てられ、節から枝分かれする枝の一つひとつがプレイヤーの選択肢に対応しています（次節の図7.1および7.2参照）。このゲームの表現法はゲームが時間軸に沿って展開していく場合にとくに有効です。

ゲームが時間軸に沿って明らかな構造がなく、何人かのプレイヤーが同時に意思決定をする場合でも、展開形は情報集合という要素を取り入れることによってゲームのモデル化を行うことが可能です。**情報集合**とは、あるプレイヤーがプレイする際に見極めのつかない節を束ねて集合の形で表現したものです。ある情報集合に到達したとき、そこでプレイするプレイヤーは情報集合に属するいずれかの節にいることはわかりますが、どの節にいるかはわからないままプレイしなくてはなりません。

もし、全てのプレイヤーが常に自分がプレイするときにどの節にいるかを知っている——すなわち、他のプレイヤーが前に採った行動が全てわかる——場合には、そのようなゲームを**完全情報**ゲームと呼びます（このとき各情報集合は一つの節のみから成り立つことになります）。このようなゲームの例としては、チェス、チェッカー、ティック・タック・トゥ〔3目並べ〕といった手の内が常にわかるものが挙げられます。完全情報ゲームは国家、企業、個人間のやりとりのモデルとしても頻繁に登場します。

どのような戦略的関係も標準形のゲームとしても展開形のゲームとしても表現できます。戦略形を展開形に変換したり、その逆の変換をしたりする標準的な方法があります。支配戦略やナッシュ均衡といった基本的な概念は標準形のときと同様、展開形でも定義することができます。

7.7　完全性と「信憑性のある脅し」

以下の状況を考えてみましょう。あなたは人《ひと》気《け》のない暗がりの路地を歩いています。突然、背中に固く尖ったものを押し付けられ、「金を出せ。さもなくば撃つぞ」という声がしました。あなたはどうするでしょうか。

この状況は展開形ゲームとして捉えることができます。あなたはプレイヤーIで財布を渡すか否かを決定します。あなたは強盗が誰かも知りませんし、弾を込めた拳銃を持っているか否かも知りません。単純化のために持っているのは実弾入りの拳銃で唯一の不確実性は戦略にあるとしましょう。すなわち、相手はその拳銃を撃つか否かという不確実性です。この強盗をプレイヤーIIとしましょう。この問題をより単純化するために、もし財布を渡したら、とくに撃つインセンティブはないと仮定します。こうして、あなたは財布を渡し、ゲームは強盗にとって最高の結果に終わります。あなた（プレイヤーI）にとって、この結果は撃たれもせず財布も盗られない結果よりは悪いですが、撃たれてしまうよりはよいものです。この状況は図7.1にあるような展開形で表現できます。このゲームはすでに拳銃を押し当てられ

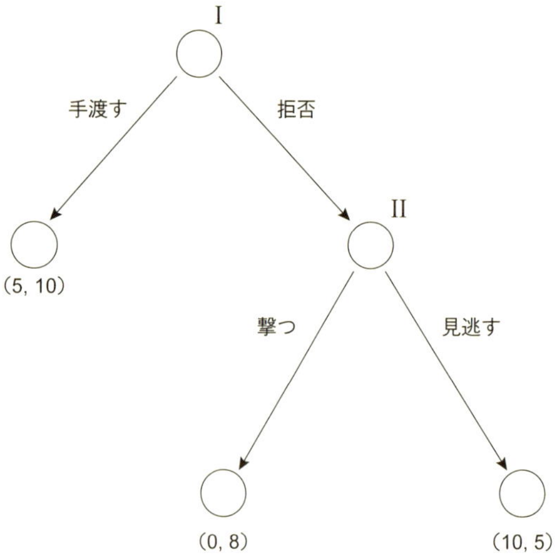

図 7.1

たところから始まっています。ここであなたは2つの選択肢に直面します。「手渡す」という選択肢はあなたに5という利得をもたらし、強盗に10という利得をもたらします。もしあなたが拒否すると、強盗（プレイヤーII）は「撃って財布を奪う」か「見逃す」という2つの選択肢から一方を選ぶことになります。もし撃った場合にはあなたの利得は0で強盗の利得は8になります。もし見逃すと、あなたは10という利得を得て（財布も命も助かる）、強盗は5という利得を得ます。

あなた自身が何をするかを考えようとすれば、相手である強盗の戦略を考えることになるでしょう。あなたが財布を渡さなかったとしてみましょう。強盗は何をするでしょうか。少し考えれば、あなたを撃って自分であなたのポケットから財布を取り出すことに気づくでしょう。話のポイントは強盗にとってそのほうがお金なしに立ち去るより望ましいという点です。したがって、強盗の「金を出せ。さもなくば撃つぞ」という脅しには信憑性があります。「撃つ」というプレイヤーIIの戦略がそれに対応しますが、それはプレイヤーIの選択である「拒否」に対する最適反応になっているからです。しかし、プレイヤーIの戦略「拒否」はプレイヤーIIの戦略「撃つ」に対する最適反応にはなっていません。プレイヤーIIの「撃つ」に対するプレイヤーIの最適反応は「手渡す」です。そして、「手渡す」に対するプレイヤーIIの最適反応は「撃つ」になっています。なぜならもし「手渡す」がプレイヤーIによって選ばれるのであれば、プレイヤーIIは選択の必要がなく、どの戦略も最適なものとなるからです。まとめると、「手渡す」と「撃つ」という戦略の組はナッシュ均衡になっています。実際、これがこのゲームでの唯一の純粋戦略のナッシュ均衡になります。

次に同じ例で、今度は拳銃の代わりに強盗が持っているのは手榴弾だとしてみましょう。強盗はあなたの後ろに立ち、「金を出せ。さもなくばお前を吹き飛ばすぞ」と言います。しかし2人は、手榴弾が技術的に2人とも吹き飛ばすことを明らかに知っているでしょう。このゲームは図7.2に描かれています。このゲームと図7.1のゲームの唯一の違いは、「撃つ」という選択肢の後の利得（0, 8）が今度は（0, 0）という利得に置き換えられている点です。あなたはこのゲームで財布を手渡すでしょうか。

ラインハルト・ゼルテンは**部分ゲーム完全均衡**（1960年代）と**完全均衡**（1970年代）という彼が提唱した概念を用いて、信憑性のある脅しとない脅しを区別することを説きました[★6]。最初の例（拳銃）では、あなたを殺すという脅しには信憑性がありました。もしその状況に置かれたら、強盗は「撃つ」インセンティブを持っていたからです。あなたが拒否したことで到達する節から始まる部分ゲームに着目すると、強盗が撃つのは最適反応です。ゼルテンはこれを部分ゲーム完全均衡と

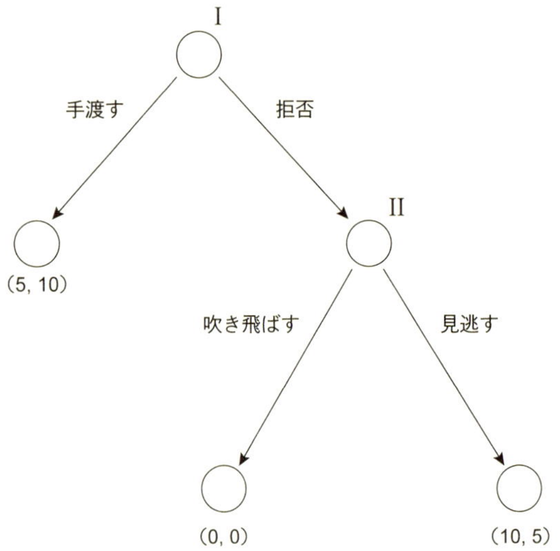

図 7.2

呼びました。なぜなら（「手渡す」「撃つ」）は全体のゲームの均衡であると同時に、樹形図上の各節から始まる部分ゲームに戦略を限ったときにも、当該部分ゲームにおいて「撃つ」が均衡となっているからです。

それに対し、第 2 の例（手榴弾）では、脅しには信憑性がありません。強盗はいざ実行に移す段になると、自分自身の脅しを再考し、2 人とも吹き飛ばされるよりは手榴弾を爆発させずに生き残る道を選ぶでしょう。重要なことは第 1 のゲーム（拳銃）におけるナッシュ均衡は第 2 のゲームでもナッシュ均衡になっているという点です。あなたの戦略「手渡す」は強盗の戦略「吹き飛ばす」に対する最適反応になっています。なぜなら、拒否したときに手榴弾で「吹き飛ばす」という戦略を知っているならば、あなたにとって「手渡す」は最適反応になっており、かつ強盗にとってもあなたが「手渡す」のであれば、「吹き飛ばす」という脅しによって失うものは何もないからです。

しかし、このナッシュ均衡には若干人工的なにおいがします。強盗の戦略「吹き飛ばす」はあなたの戦略に対する最適反応にはなっているものの、それは単に実際にプレイする必要がないからにすぎません。実際、手榴弾は信憑性のある脅しにはなりません。もし実際に「吹き飛ばす」か否かの選択を迫られたとしたら、彼は「見逃す」ほうを選ぶでしょう。前もってこのことがわかっていれば、これを空脅しと呼んでもよいでしょう。そして、均衡戦略から外れて、「財布はやらないよ。本当に手榴弾で私たちを二人とも吹き飛ばすかどうか見てみよう」と言うかもしれないのです。脅しに信憑性がないというこの事実は部分ゲーム完全性の概念で捉えることができます。もしナッシュ均衡の戦略をプレイヤーIIの節から始まる部分ゲームに制限したとすると、「吹き飛ばす」という戦略はこの部分ゲームにおける最適反応となっていないことがわかります。こうして、あなたが財布を「手渡す」という戦略は図7.2において部分ゲーム完全均衡とはならないのです。

7.7.1 バックワード・インダクション

完全情報ゲームはバックワード・インダクションによって分析することができます。ゲームの樹の先端から始めてバックワードに問題を解いていくのです。各ステージでは、そこから先の樹は全て解けているとして、節におけるプレイヤーの行動を解いていきます。不確実性がないため、各プレイヤーの選択は同点の場合を除いてきちんと定義することができます。すなわち、私たちは各プレイヤーが同一の利得を生み出すような選択肢を前にして選択を行わなくてはならないときには唯一の予測を立てることはできません。それでも、私たちはそのような同点となる選択肢のどちらが採られるかも追跡しなくてはなりません。なぜなら、当該プレイヤーにとっては無差別でも他のプレイヤーにとって無差別であるとは限らないからです。しかし、もし全ての利得が互いに異なるものであるならば、バックワード・インダクションは唯一の予測をもたらしてくれます。

直観的には、バックワード・インダクションの解は、合理性に関する共有知識に——各選択の結果が知られていてはじめて効用最大化が可能になるという点で——依拠しています。もし、確実性のもとで樹形図の末端にいるプレイヤーの選択だけ予測すればよいのであれば、そのプレイヤーに最大の利得をもたらす先端を選択することを予測するためには、当該プレイヤーの合理性だけ仮定すれば十分です。もっとも、もし私たちが戦略的関係を正しくモデル化するのであれば、利得は選択を記述する効用関数であるべきであり、この関数を最大化する選択肢を選ぶという言明はトートロジーにすぎません。

樹形図を一段遡ると、そこで選択をするプレイヤーが合理的であることだけでなく、そのプレイヤーの後で意思決定をするプレイヤーたちが合理的に意思決定をするということを当該プレイヤーが信じていることを仮定しなくてはなりません。そのような信念がないとすると、最後の意思決定点での行動に関する私たちの分析は、その前にプレイするプレイヤーには共有されないことになってしまうからです。さらにもう一段遡ると、バックワード・インダクションを正当化するためには、そこで意思決定をするプレイヤーが合理的、かつその後にプレイするプレイヤーが合理的であることを当該プレイヤーが信じていること、かつ直後にプレイするプレイヤーがそのさらに後にプレイするプレイヤーが合理的であるということを信じているということを当該プレイヤーが信じている、ということを仮定する必要があります……等々。バックワード・インダクションの解を正当化するためには、最低でも樹形図の深さと同じだけの合理性に関する知識の階層を仮定する必要があるのです。

一般的に合理性に関する共有知識があるからといって唯一の予測が得られるとは限りません。しかし、完全情報の有限展開形ゲームにおいては各プレイヤーにとって全ての利得が異なるならばこの共有知識は唯一の解をもたらし、それがバックワード・インダクションの解になっていることが広く知られています★7。実際、これらのゲームにおいてはバックワード・インダクションの解は唯一の部分ゲーム完全均衡となっており、また弱支配される戦略を逐次消去していったときの結果に等しいのです。

Chapter 8
自由市場

8.1　例え話――グローバル化の功罪

オリビエ：この国に起こってることがつくづく厭になったよ。もうとてもフランスとは思えない。

パウル：どういう意味だい？

オリビエ：何をとってもよその国で作られているだろ。何も本物なんてありゃしない。考え得るもの全てが中国製か韓国製だ。

パウル：で、そのどこが問題なんだい？

オリビエ：もはや自分の国ではなくなっているってことさ。輸入の仕方がわからないチーズを除けばね（ああ、よかった）。

パウル：で？

オリビエ：あのね。どこに行っても外国人に占領されてしまった気がするんだ。

パウル：なるほど。移民が多すぎるってことだな。

オリビエ：もちろん、それもあるさ。

パウル：君にとって問題なのは、中国で縫製がなされているということではなくて、フランス人でない連中がうようよいるということなんだね。そうじゃないかと思ってたよ。

オリビエ：いいかい。僕はいつも右派に投票するよ。でも、ぼくは人種差別主義者ではない。だから、そんなふうに決めつけるのはやめてくれないか。

パウル：何が君にとって問題なのかまだわからないよ。だって、どうも “La France aux Français”（「フランス人のためのフランスを！」——右派の選挙運動のスローガン）を聞いているみたいなんだもの。

オリビエ：僕の記憶が確かなら君だってグローバル化の賛同者ではなかっただろ。

パウル：もちろんさ。でもそれはまったく違う理由からだよ。

オリビエ：例えば？

パウル：西洋の開発途上国に対するやり口はひどいものさ。植民化の再来だよ。低賃金で貧しい子どもたちを働かせている。

オリビエ：わかった。それももちろんとても悪いことだ。

パウル：まだある。資本主義と消費者主義が僕たちをみんな同じような人間にしてしまっている。どこへ行ってもスタバにナイキさ。それとマクドナルドもね。最初は世界中どこへ行っても、どの空港も似たりよったりだったのが、今ではどの都市も似たりよったりになってしまった。多様性がないから豊富な経験もなしさ。僕たちはみんな市場の調べに乗って行進する機械仕掛けの消費者のようだ。

オリビエ：ほらね。君もグローバル化が嫌いなんじゃないか。

パウル：そうだよ。でも、僕がグローバル化を嫌うのは人間が好きだからであって、嫌いだからじゃないんだ。グローバル化が文化を消し去り、平板なものにしてしまうから反対なのであって、君のように、いろいろな文化を遠ざけたいからじゃないんだ。

［ミッシェルが入ってくる］

ミッシェル：ああ、君たちはまたグローバル化を揶揄していたね。

オリビエ：そうさ。いいかい、グローバル化なんて糞喰らえだ。そのせいで我々はひどい目に遭うんだ。

ミッシェル：少なくとも君たちは世界中の人たちと共通点を持ってい

るね。まったく同じ議論が世界中でされているっていうのは目を見張るものがあるよ。

パウル：それだけ説得力があるってことだろ。

ミッシェル：でも、反論も同じくらいされている。国籍の違いは職業の違いほどには意見に影響しないようだよ。

パウル：世界中の経済学者は洗脳されてグローバル化讃歌を歌っているってことかい。

ミッシェル：全員てわけじゃないけどね。でも、彼らは少なくともグローバル化がなぜよいかという議論はできるようだよ。

オリビエ：で、それは何だい？　ご教示願いたいものだ！

ミッシェル：簡単なことさ。いつも明らかとは限らないけどね。要は、無理強いさえしなければ、関係者全員の状況を改善するときしか取引をしないということさ。で、このことは服を買うときだろうが、労働を買うときだろうが、最終財を輸入しようが、移民しようが、同じことだ。市場はその意味で効率的なんだ。

パウル：その効率性っていうのは嫌いだね。効率的に立ち回って１日中走り回るなんてやなこった。考えたり感じたりする時間がほしいのさ。

ミッシェル：それはそれでかまわないさ。でも、僕が言っている効率性というのはそういうことではないんだ。

パウル：じゃあ、他にどういう効率性があるのさ？

ミッシェル：経済学者はパレート最適性について考えるんだ。パレートという経済学者に因んで名付けられた概念なんだけどね。効率性という概念は何もより多くの物を生産したり、消費したりすることではないんだ。ここで言う効率性というのは他の人を貶《おとし》めないで誰かの状態が改善するならそういう機会は見逃さないということを言っているにすぎないんだ。

オリビエ：そりゃ無理だ。人は必ず誰かを傷つけるものさ。

ミッシェル：まあ待てよ。僕がやろうとしているのは、むしろ何が非効率的なことか、ということさ。誰にもコストを負わせないで誰かの効用を高めることができるのなら、その状態を非効率な状態と呼ぶんだ。で、驚くと思うけど、この非効率性は起こり得るし、実際毎日起きているんだ。

パウル：例えば？

ミッシェル：税金を払うときはいつでもそうさ。例えば、キッチンで水漏れがして配管工を呼んだとするだろ。水漏れに100ユーロ出してもいいと思っていて、配管工もその金額をもらえれば直してもいいと考えているとしよう。

オリビエ：いいよ。とくにそいつがフランス人ならね。

ミッシェル：一つだけ問題があるんだ。配管工は所得税を払わなくちゃならない。税率は50%としておこう。だから、100ユーロでないと仕事を請け負う価値がないと思っていたとしたら、200ユーロを君に請求するしかない。

パウル：だから200払うってわけかい？

ミッシェル：それもあり得る。でも、それでは高すぎるから自分で直そうと思うかもしれない。

パウル：そりゃ素晴らしい。時々、真っ当な仕事をするというのは悪いことじゃない。

ミッシェル：そうだ。しかし、それは君が決めることだ。だけど、もし君と配管工が100ユーロで手を打って取引できたとしたら、そのほうが2人ともいいだろう。他の誰も傷ついていないだろう。

オリビエ：でも所得税があるだろ。なぜ僕が所得税を払って配管工が払わなくていいんだい？

ミッシェル：うん、我々は税金を集めなくてはならないし、配管工も税金を払う必要がある。でも、政府が入り込んでくることでパレート最適ではない状況が生まれてしまった理由はわかるだろ。税金があるせいで、誰も傷つけずに君と配管工が得する取引が行われなかったんだ。

パウル：で、グローバル化もそれと同じだと言いたいのかい？

ミッシェル：原理的にはね。つまり、誰かが開発途上国でシャツを安く作れるのなら、そして誰かがそのコストよりも沢山払ってもよいと考えているときに、グローバル化を阻むのは、彼らの取引を禁止するのと同じだということさ。

パウル：つまり、君は貿易を制限すればパレート効率的でない悪い結果になってしまう、ということを言いたいわけかい。

ミッシェル：そうだ。

パウル：そりゃ、アダム・スミスやデヴィッド・リカードの古い議論のように聞こえるな。

ミッシェル：古いから間違っているということはないよ。

パウル：つまり貿易の障壁を全て取り除いてしまえば、いい状態になると考えているのかい？

ミッシェル：自動的にってわけではないけれども、パレート効率的な状態にはなるよ。誰の目からもこれ以上改善はできないという状態にね。

オリビエ：でも、それは君が言うような前と比較してよりよい配分というわけではないよ。シャツが昔より安くなれば、フランス人の腕のいい仕立屋は職を失うから改善したとは言えないね。

ミッシェル：それはちょっとデリケートな問題だね。新しい配分はそれ以上改善することはできないけれども、だからと言って改善の余地があるこのような非効率な配分よりもパレート改善できているとは限らないんだ。仕立屋の状況を改善するには、彼に補償しなくてはならない。でも、より安い費用でモノを作れるようになったのだから、十分に補償できるだけの余力は生じているんだよ。

オリビエ：「補償する」ってどういうことだい？

ミッシェル：お金をあげるってことさ。

パウル：そんな話、聞いたことないぞ。

ミッシェル：いや、あるよ。例えば、失業給付があるだろう。

オリビエ：そいつはいいや。家に押し込めて、じっと座りながら失業給付を待つってか。へ、本当に妙案だぜ。

パウル：オリビエが正しいと思うな。お金で補償することはできないよ。君は極めて狭い経済学的な了見を持っているようだね。君は自尊心とか社会の絆というものを考えたことはないのかい。君は経済学を勉強したかもしれないが、どうやら心理学や社会学の本を紐解いたことはないみたいだね。

ミッシェル：なあ、ひとつずつ進めようぜ。全ての経済学者がグローバル化に賛成しているわけじゃないって言っただろ。それでも、グローバル化を批判する前に基本的な議論を理解しておくべきだと思うよ。君たちがそれを理解しているかは怪しいし、理解したがっているかどうかも疑問だね。

［怒って部屋を出る］

パウル［オリビエを見ながら目を丸くして］：経済学者ときたら。負けっぷりが醜いね。

8.2　第一厚生定理

第6章では社会的決定に関する規範的アプローチを採り、選好を集計するのがいかに難しいかを議論しました。さらに、パレート最適の概念を定義しました。それは概念的に難しい問題を迂回して、誰の犠牲もなしに誰も改善の余地のない状態をもって最適と見なすという弱い最適性の概念でした。第７章ではより記述的なアプローチを採り、パレート最適な状態はそれほど簡単に達成可能ではないことを見ました。囚人のジレンマを例として用いながら、個人の合理性がパレート最適性へ結びつくとは限らないという点を見ました。同様のことは純粋協調ゲームや「鹿狩り」ゲームのようなパレート最適な均衡がそうでない均衡にリスク支配されているようなゲームでも起こり得ることも見ました。

これだけの失敗があるのですから、どのように制限してもいい結果などなさそうに思われるでしょう。しかしありがたいことに、ある条件下では自由市場がパレート効率的な均衡を招来するとされています。自由市場の均衡がパレート効率的であるために必要な条件を下記に列挙してみましょう。

- 消費者が（古典的な意味で）合理的である。各消費者は予算制約を所与として効用関数を最大化するものと考えられる。消費者の選好は固定されている。とくに、短期の利得に目が眩んで後で自分の選択を後悔することはない。

- 全ての財は私的財であり、外部性もない。財のある決まった１単位は１人の消費者にのみ消費され、その消費が他人に影響を与えることはない。

- 消費者は少ないよりも多い消費量を好む。ある財に関して、もうそれ以上はほしくないと思うことはあっても、全ての財についてそう思うことはない。かくして、消費者は所得を余さず使い切る。

- 企業は合理的である。各企業はその技術と市場価格を所与として利潤を最大化するものと考えられる。

- 消費者と企業は価格受容者（プライス・テイカー）である。誰も自分自身の市場価格への影響力を考慮に入れない。

- 市場は完全である。全ての生産物——選好に影響を与えるような財、サービス、権利——は取引することができる。

● 情報は市場参加者全てに共有されている。不確実性はあるかもしれないが、情報は対称的である。誰も他の人が持っていない情報を持っていることはない。

完全競争均衡は市場を均衡させる価格によって定義されます。以下がその意味することです。まず始めに「経済」を定義します。「経済」は消費者の選好、企業の技術、そして消費者の初期保有——財サービスおよび企業のシェア——によって定義されます。全ての消費者には24時間の余暇が与えられています。ある消費者は土地や他の資源を保有しています。またある人は直接に企業を保有したり、株式市場を通じて間接的に保有したりしています。そのような経済で、ある価格表——1つの財につき1つの価格を記した表——が均衡を表すか否かを問うのです。

ある提案された価格表を考えてみましょう。この価格表が均衡となるか否かを見るために、まず各企業の利潤最大化問題を解きます。これによって企業による財サービスの供給量が決定されます。企業の利潤はシェア——各消費者の保有割合——に応じて消費者に分配されます。ついで各消費者の初期保有を価格を用いて貨幣に換算します。各消費者に関し、(企業の利潤と初期保有という) 二つの源から得た所得を合計し、それを予算制約を定義する際の所得と見なします。各消費者について消費者問題を解くことで消費者の需要を得ます。このとき各財サービスについて需要量と供給量が等しいか、価格がゼロの財サービスの場合には需要量が供給量と等しいかそれを超過しているならば、最初に示した価格表が均衡をなすといいます。

これらの仮定の下で、**第一厚生定理**は次のように述べることができます。完全競争均衡はパレート最適な企業の生産計画および消費者間の財サービスの配分を達成します。すなわち、他のどのような生産計画や消費配分も均衡における配分よりも全ての消費者を悪化させることなく一部の消費者を改善することはできないのです。

第一厚生定理は単純で強力なツールに依拠しています。市場にいる全ての主体は同一価格の下で最適化を図っています。これが市場参加者が共同でパレート最適な配分を達成する理由です。同一の価格に対応することで市場参加者がなぜ最適解に到達するのかを次の三つの問いに分けて読み解いてみましょう。(1) 各財サービスをどのくらい生産するのか、(2) 誰が生産を行うのか、そして (3) 誰がそれを消費するのか。

まず生産に関する問いから始めます。あなたの家の水道管が水漏れしており、それを修理できる配管工がいたとしましょう。水漏れを直しに来てもらうのが最適でしょうか。それとも水漏れしたまま放置しておくべきでしょうか。これは生産に関する問いです。この配管工を企業に見立て、配管工の時間を水漏れのない水道管に変換する技術を持っていると考えるのです。

明らかに、何の対価も払わなければ、配管工はこの作業を行わないでしょう。配管工は修理代という形で対価を要求します。修理代を受け取ったときのみ作業をするのです。一方、あなたは水道管を修理してもらうために一定額までは払ってもよいと考えているとしましょう。この金額を**留保価格**と呼びます。この留保価格を超える代金を払わなくて済むのであれば、配管工に修理を依頼するでしょう。簡単化のため、経済にはあなたと配管工の2人だけがいるか、もし他にいたとしてもまったく同様の配管工とあなたとまったく同様の消費者のみがいるとしましょう。

問題はあなたの留保価格が配管工の修理代を超過するか否かです。もし前者が後者よりも高ければ、すなわちもしあなたが配管工の請求額よりも高い代金を払ってもよいと考えているのであれば、パレート最適性は取引が成立することを要請します。具体的には、取引がなされない場合には、あなたの留保価格より低く、修理代よりも高い代金をあなたが支払って、配管工が水漏れを修理することでパレート改善をすることが可能となります。そのような金額であれば、どちらにとっても状況が改善するため、元の配分に比べてパレート改善となるのです。

しかし、もしあなたの留保価格が（配管工が修理を請け負うぎりぎりの）修理代よりも低かったとしたら、代金を支払わずにとっておいて水漏れを放置するのがパレート最適となります。配管工に請け負わせることのできる最低金額のほうが、あなたが払ってもよいと考える最高金額よりも高いので、修理によってパレート改善を図ることはできないのです。

ここで、均衡価格（修理代）の範囲が配管工の代金とあなたの留保価格に比してどの辺りになるかを考えてみましょう。まず第二のケースから始めます。あなたの留保価格は配管工の修理代を下回っており、どのような価格を設定しても配管工が自分の時間を売るほど高く、あなたが買ってもよいと思うほど低くはなりません。したがって、あなたと配管工が同一の市場価格に最適な反応をする場合には取引は行われないことになります。これはパレード最適性が要請する通りの結果です。

さて、今度はあなたの留保価格が配管工の修理代を超えているとしてみましょう。均衡価格は両者の間に収まることを確認しなくてはなりません。価格が修理代よりも低いなら、あなたの留保価格よりも低いということになります。したがって、あなたは修理を望むでしょう。すなわち、配管工の労働に対する需要が発生するわけです。しかし、配管工のほうは価格が低すぎるために労働を供給したいとは思わないでしょう。したがって、この市場では超過需要が発生し、市場均衡にはなりません。この場合には価格が上昇すると予想されます。この動きは直観的なものですが、ここでは均衡への収束という問題は論じないでおきます。超過需要があるときには市場は均衡状態にはないことを確認するだけで十分だからです。

次に均衡価格があなたの留保価格よりも高かったとしてみましょう。したがって、修理代よりも高いことになります。このとき配管工は労働を供給しようとします。しかし、価格が高すぎるので、あなたはそのような労働を需要しようとはしないでしょう。配管工は仕事にありつくことはできません。労働市場が供給超過になるのです。この状態は価格がゼロでない限り（そして、今はゼロでないと仮定しています)、均衡とはなりません。この場合もまた、超過供給は価格下落に結びつくでしょう。しかし、いま重要な点はこの価格が均衡価格とはならないという点です。

結果的に、均衡価格は修理代と留保価格の間に収まることとなります（引き続き前者のほうが後者よりも低いとしておきます)。この場合、取引が発生することになります。この価格に対する配管工の最適反応は自分の時間を売るということに、そしてあなたの最適反応はそれを買うということになります。重要なのは、両者ともに同じ価格に反応しているという点です。この場合もパレート最適性が要請するように、取引が行われることになります。

この解が公正であるとか公平である必要はないという点を強調しておくことは重要でしょう。配管工が自分の仕事を嫌いで、他のより就きたいと思っていた仕事に就くだけの技能を得る機会に恵まれなかったからこの仕事に仕方なく就いている、ということも十分あり得ます。あなたが配管工のきつい仕事に対して十分な支払いをしていない、という可能性も十分あり得ます。均衡が保証するのはあくまでもパレート最適性のみです。もし均衡において修理代が留保価格を上回るのであれば、あなたと配管工の２人を同時に改善するのは不可能です。そして、均衡において取引がなされないのであれば、同様に２人を同時に改善することはできません。取引の有無にかかわらず、均衡からパレート改善を図ることは不可能なのです。

第二の問いに移りましょう。誰が生産物を生産すべきかという点です。机の市場を考えてみます。異なる大工は異なる費用で机を作ることができます。AとBという２人の大工に着目しましょう。Aは200ドルという限界費用で机を作ることができるとします。すなわち、Aの労賃、材料等をひっくるめた総費用は、Aが追加的に一つの机を作ることによって200ドル上昇します。Bは同様の机を限界費用300ドルで作るとします。明らかにパレート最適でない生産計画は、Bが作ってAが作らないというものです。実際、そのような場合には、BがAに下請けに出すことでパレート改善を図ることができます。生産に300ドルかけるよりは、AがBのために200ドルで作り、差額の100ドルをAとBの２人で分けるほうがお互いにとって望ましいからです。Bから机を購入する買い手は机を手に入れることができ、２人の大工の状態は改善されます。よって、これはパレート改善です。

しかし、Bが机を作ってAが作らないという完全競争均衡は存在しません。もし価格が200ドル未満ならば、どちらも机を作らないでしょうし、もし価格が300ドルを超えるのであれば、両者とも作るでしょう。さらに、価格が200ドルと300ドルの間にあれば、Aが作ってBは作らないでしょう。２人とも同じ価格に反応するために、均衡は労働をパレート効率的に配分するのです。

同様の論理は配管工のサービスの供給にも適用できます。もしより低い費用で水道管を修理できる配管工がいたならば、パレート最適性は、より低い費用の配管工が仕事を請け負うことを要請します。実際、どのような労働の市場価格（修理代）であっても、高費用の配管工が仕事をするのは低費用の配管工が仕事をするときのみです。

どちらの例でも分業はパレート最適ですが、おそらく公平ではありません。低費用の製造業者は開発途上国で子どもたちを雇っているかもしれません。また、低費用の配管工は子どもを養うために低い労賃でも働きたいと考えているかもしれません。パレート最適な配分だからといって、公正ないし公平な配分とは限りません。私たちが知っているのは、そのような配分から始めた場合、全ての人を改善する方策はない、ということだけなのです。

最後に消費者間での生産物の配分に関する問いに移りましょう。いま仮に、あなたと私の家の水道管がともに水漏れしているとしましょう。あなたは修理のために100ドルまで支払ってもよいと考えています。一方、私はそれほどお金がなく、50ドルまでがせいぜいだと考えています。パレート最適性は、両者とも修理してもらう、両者とも修理してもらわない、あなたのみが修理してもらうの３通りのいずれかが生じ得るとしますが、私のみが修理してもらうという状態は排除します。実際、そのような状況ではパレート改善の道を探ることができます。私は、私のではなく、あなたの水道管を修理してもらうことを配管工に要請するのです。あなたは100ドル払ってもよいと考えていて、私はちょうど50ドル払って修理してもらうことと何もしないことが無差別になります。修理サービスは私よりもあなたにとって価値があるので、差額の50ドルをあなたと私の２人で分けることで２人とも状況が改善するのです。

完全競争均衡においては、私が配管工を雇ってあなたが雇わないというパレート支配される配分は生じないことを確認しておきましょう。もし市場価格（修理代）が50ドル未満ならば、２人とも配管工を雇うでしょう。もし100ドルを超えるなら、２人とも雇いません。そして、もし価格が両者の間ならば、あなたが修理をしてもらい、私はしてもらわない、ということになります。私たちは同じ市場価格に直面しているので、パレート非効率な配分は均衡では達成されないのです。

公平性や公正性については何の言及もないことを繰り返しておく価値があるでしょう。もしかすると、私は自分の少ない給料の大半を子どもの治療費に充てているために50ドル以上の修理代を出せないのに対し、あなたは金持ちで健康なので、より多く出費できるのかもしれません。それでも、私の水道管を修理するためにあなたの水道管を放置しておかないといけないとしたら、その状態はパレート最適ではないのです。

第一厚生定理が美しいのは全員が同一価格に最適に反応するなら、お互いに最適に反応することになるという点です。この意味で完全競争均衡は市場の問題を極めて簡潔なものにしています。私たちが1924年のモスクワにいて、ソ連のために経済運営を計画しているとしましょう。私たちは共産主義者であって、自由市場を信頼していません。しかし、私たちは人々が選好を持ち、企業は技術を持っており、したがってパレート最適性の概念は承知しているとしましょう。さらにパレート最適性を定義することはでき、それを模索しない理由はないとしましょう。しかし、どうやってそれを達成するのでしょうか。生産計画はどうすべきでしょうか。各個人の消費はどうしますか。私たちはそうやって人々の選好や企業の技術を尋ねて回らなくてはならないでしょう。もちろん、正直に答えてくれるものと期待してです。こうなると正直な申告が均衡であるという可能性を問わざるを得なくなるでしょう。しかし、仮に人々が正直に申告すると仮定したとしても、膨大な計算問題が残されることになります。その代わりに第一厚生定理は人々に私的所有権を渡し、各財の価格を表示し、各人がこの価格の下で最適に行動することを提唱しているのです。価格を調整できる主体がいて、超過需要や超過供給にしたがって価格を調整しながら完全競争均衡をもたらす価格を探せるとしましょう。このとき、私たちはパレート最適な配分を達成できるということを知っています。私たちは人々や企業に選好や技術をいちいち訊く必要はありません。だれも虚偽の申告をする機会もインセンティブも持ちません。そして、私たちは膨大な問題を解く必要もありません。それはあたかも経済にいる各人がプロセッサで巨大な社会問題の部分問題を解くよう割り当てられている、スーパーコンピュータを用いているかのようです。こうして、自由市場は意思決定過程を分権化しつつパレート最適な配分を保証するものと見なすことができるのです。

全ての主体が同一価格に直面するという仮定を強調することからわかるのは、異なる主体が異なる価格に直面するときは上のようにはならないということです。前述したように、税金がある場合には、このようなことが起こり得ます。税金だけでなく、補助金等がある場合でも同様です。典型的には、市場への介入によって異なる主体が異なる価格に直面することとなり、パレート最適性は達成されなくなるのです。

8.3 自由市場の限界

様々な理由によって、第一厚生定理は成り立たなかったり、あまり意味をなさなくなったりします。いくつかの主たる理由を以下で議論しましょう。

8.3.1 外部性と公共財

最初に述べた仮定の一つは、消費者が自身の私的財のみから効用を得るというものです。公共財（病院、公園、学校、道路など）がある場合には分析は変わってきます。典型的には、公共財供給への貢献は囚人のジレンマと同様の戦略的状況を生み出します。誰も貢献しないよりはみんなが貢献するほうが望まれますが、他者がどれだけ貢献していようと自分の貢献分は少ないほうを好むのです。公共財のあるものは環境や天然資源といったものにかかわります。例えば、魚の量が再生されるようにするための最適な漁獲量があります。しかし、各漁師の利得には他人への影響は含まれないので、全体としては漁獲量は最適量を上回ってしまうのです。

一人の経済活動が直接他人に影響を与えるような外部性もあります。例えば、喫煙は周りの空気を汚します。飲酒運転は自分自身だけでなく、周りの人も危険に陥れます。改築は近隣全体に好影響を与えるかもしれません。これらの例ではいずれも、個人は選択の総合的な影響を勘定に入れずに意思決定を行います。

これらのうち、いくつかの問題は不完全市場の問題と見なすこともできます。例えば、大気汚染を取引できる市場があったり、飲酒運転をしないように他の運転手に支払うことができるとしたら、外部性は「内部化」されて、自由な取引がパレート最適な配分をもたらすかもしれません。しかし、多くの場合、これらは非現実的なもので、法律によって経済行動を規制することだけが唯一の解となります。

8.3.2　市場支配力

ある主体が十分に大きくて、価格に影響を与える力——市場支配力——を持つ場合には、完全競争の仮定が満たされません。例えば、ある企業が独占企業ならば、明らかに価格に影響を及ぼすことができます。典型的には、完全競争市場におけるよりも少量だけ売ろうとします。企業は自身が価格に与える影響を無視して行動するというのが、完全競争の前提であり、追加的な１単位を市場に供給するか否かの意思決定は、価格と限界費用との比較のみに依存しなくてはなりません。しかし、独占企業ならば、たとえ限界費用が市場価格を下回っていたとしても、価格の下落を恐れて追加的な1単位を生産するのを止めてしまうかもしれません。同様の論理は買い手側であろうと、売り手側であろうと、複数の主体がいる場合にも適用できます。均衡が効率的であるという結論は、誰も自身が価格を変えることはできないと信じているという事実に依拠しているのです。

8.3.3 非対称情報

粗悪品 1970年、市場の失敗に関する驚くべき例がジョージ・アカロフによって提示されました★1。彼は典型的な中古車市場を例に採りました。中古車は優良品か粗悪品のどちらかです。売り手は自分が所有している車の品質を知っていますが買い手は知りません。ここでどちらの品質の車にも需要と供給があるとしましょう。粗悪品に対して、潜在的な買い手は6,000ドル支払ってもよいと考えており、売り手は5,000ドルで売ってもよいと考えているとします。また優良品にはその2倍の価値があると考えられているとします。すなわち、売り手は10,000ドル以上なら売ってもよいと考え、買い手は12,000ドルを超えなければ買ってもよいと考えています。

もし車の品質が全員に知られているならば、粗悪品は5,000ドルと6,000ドルの間で取引され、優良品は10,000ドルと12,000ドルの間で取引されるでしょう。他方、もし誰も品質に関する情報を持っていないならば、そして誰もが同様の情報を持っているならば、取引はそれでも行われるでしょう。優良品と粗悪品の割合が半々であって、売り手も買い手も価値の期待値を最大化するとしましょう。売り手にとっての期待価値は7,500ドルであり、買い手にとっての期待価値は9,000ドルとなります。したがって、価格が7,500ドルと9,000ドルの間であれば、取引が成立するのです。実際、これが均衡価格の範囲であり、パレート最適な配分も達成されます。この状況は全員が同一の情報を持っているときに株式市場で株を取引するのと同様のものです。

しかし、アカロフの話では情報は非対称的です。売り手は車の品質を知っているのに対し、買い手は知らないために期待値を計算しなくてはなりません。したがって、買い手は9,000ドルしか支払いたいと思わないでしょう。それを所与とすると、10,000ドル以上なら売ろうと考えている優良品の売り手は市場に参加しようとしません。結果として、粗悪品のみが市場で取引されることになります。

もし中間レベルの品質の財があったとすると、結果はより衝撃的なものとなります。最高品質の車を平均的な価格で売ろうとする売り手はいないでしょう。彼らが市場から離れてしまうと、車の平均的な品質は下がってしまい、買い手は以前にも増して安い価格でしか取引しようとしなくなります。すると、次の高品質の車の持ち主が市場から離れ、等々となり、最終的に粗悪品のみが取引されるようになってしまいます。パレート最適な配分では全ての品質の財が取引されるべきであるにもかかわらず、です。

ある意味では、非対称情報をある種の外部性と考えることもできるでしょう。優良品の持ち主は粗悪品の持ち主と自分自身を分離することができません。後者の存在が前者にある種の外部性をもたらしているのです。

逆選択　非対称情報の例はいくらでもあります。健康保険を考えてみましょう。私が保険会社に行って保険を購入しようとすると、保険会社はリスクを評価し、保険商品を適正に価格付けしようとするでしょう。でも、私の健康についていくつかの質問を行うかもしれませんが、私よりも私自身の健康には詳しくはないでしょう。このように、この場合にも情報の非対称性があるのです。

損失を生じないように、保険会社は平均費用よりも少し高く価格付けをしなくてはなりません。これは健康的な人とそれほど健康的でない人の平均なので、健康的な人はリスクに比べてコストが高すぎると判断するかもしれません。健康的な人が保険を買わないと決めると、顧客の母集団は以前より期待保険金額の点で悪化します。保険会社は保険料率を上げる必要に迫られます。すると、次に健康的な層の人が離れていきます。この過程が続くと、不健康な人のみが高い保険料で保険に加入し、他の人は適当な価格で保険を購入することができないという事態に陥ってしまいます。ここでも問題は、健康的な人が不健康な人と自身を分離できないという点にあるのです。

この現象は保険に関する文献で**逆選択**として知られているものです。市場の性質から保険会社は平均的には、より費用のかかる（不健康な）顧客層を相手にすることになるのです。

モラル・ハザードと依頼人＝代理人問題　保険の文脈で発生する情報の非対称性のもう一つの問題は**モラル・ハザード**と呼ばれます。問題は、損失の確率が顧客が予防的行動を採るか否かに依存している場合に発生します。例えば、自分の自動車が完全に保険でカバーされていて、新聞を買うためにコンビニに立ち寄ったとしましょう。面倒なのでエンジンをかけたまま車を離れるかもしれません。しかし、そうすることで車が盗難に遭う確率は増します。もし保険に加入していなければ、面倒でもエンジンを止め、車をロックして離れるでしょう。しかし、車が保険でカバーされるので、あたかも保険会社の車を運転しているかのように振る舞う結果、いくぶんか慎重さを欠く行動を採ることになるのです。

モラル・ハザード問題は、**依頼人＝代理人**問題と呼ばれる一連の問題で生じます。これらの問題では、依頼人はある仕事をしてもらうために代理人を雇います。しかし、依頼人は代理人の努力水準を観察することができません。例えば、保険会社は盗難車の費用を負うかもしれない依頼人であり、顧客は努力水準によって盗難の確率を上下させることのできる代理人です。依頼人＝代理人関係は様々なところで顔を出します。医者や弁護士に相談する場合、受けられるサービスの質を十分判断できずに専門家を雇うことになります。これら専門家のインセンティブが完全にあなたの利害と一致している保証はありません。これらのケースでは、自由市場がパレート最適な均衡をもたらすとは限らないのです。

8.3.4 存在 vs 収束

1950年代初頭、ケネス・アローとジェラール・ドブリューは一定の仮定の下で完全競争均衡が存在することを証明しました★2。第一厚生定理で用いられた仮定の他に選好と技術の凸性の仮定が置かれました。ただし、この証明は、ナッシュ均衡の存在証明同様、構築的なものではなく、どのようにその均衡を探せばいいかということまでは教えてくれませんでした。さらに、現実の経済的調整過程をうまく表現すると同時に均衡への収束を保証してくれるような動学過程を見つけることはできませんでした。

「均衡」という用語は自然科学からの借り物であり、対抗する力の間のバランスが保たれているという意味合いがあります。しかし、私たちには一般的な収束結果がないために、このモデルの仮定に同意したとしても、私たちが現実に観察するものが均衡に対応している保証はないのです。

もし、私たちが、政治的な出来事や技術進歩など経済システムに加えられる様々な外的ショックを考慮に入れるなら、経済が一般均衡状態にあることはますますあやしくなります。もし私たちが均衡状態にあるとは限らないとしたら、均衡がパレート最適か否かは意味のある問いとは言えなくなってしまうのは明らかです。

8.3.5 選好の形成

一般均衡モデルは、経済の記述の一部として選好が固定されていると仮定します。しかし、私たちは選好が変化するものだということを知っています。ある意味では、マーケティングは選好を変える術といっても過言ではありません。選好は習慣や社会慣習等の影響を受けます。とくに興味深いのは消費による選好の形成です。消費主義の動きが観察されるという主張がしばしばなされます。大企業が財の種類や量に関して実際に必要なものよりもより多くのニーズがあると説得しようとしているというのです。もしそのような動きが実際に起こっているのであれば、パレート最適性の概念はうまく定義できなくなってしまいます。消費者が何かを買いたいと思うからといって、それが本当に必要であるとは限りませんし、それが市場になければ困ってしまうとも限りません。

ある程度、消費者のニーズが経済活動によって決定されることは明らかなように思えます。また、市場で供給されているものの多くは、食べ物であろうが、衣服、医療、ないしより基本的でないものであろうが、どの道必要とされるものであったかもしれません。市場が満たすニーズとそれが生み出すニーズを区分けするのは困難です。

8.3.6 非合理的行動

第一厚生定理のもう一つの困難は、消費者が――予算制約を所与として効用関数を最大化するという意味で――合理的であると仮定する点です。合理性はあくまでもモデルであって、文字通りとるべきではありません。しばしば合理性は十分な近似であって、それゆえに有用なモデルであることもあり得ます。しかし、例外もあります。例えば、クレジット市場において人々が近視眼的に振る舞う傾向にあるという点に関しては多くの証拠が挙がっています。人々はしばしば借金を背負って、後で後悔します。あたかもパーティーで飲みすぎたり、タバコを吸いすぎたりしたときのように、「ああ、クレジットカードであんなに借りるんじゃなかった」と言うのです。

日々の少額の買い物が積もり積もると、しばしばひと月の収入を超える額をクレジット会社から借りてしまう羽目になります。そのような場合には、効用最大化モデルが消費者行動のよい記述となっているかどうかと問うことができるでしょう。そして、もし、人々がしばしば借金をしすぎるという理由で答えが否であったとしたら、主体的な消費者のイメージが揺らいでしまうことになります。とくに、もし人々がシステマチックに後悔するような意思決定をするとしたら、どちらの選好関係を用いてパレート最適性を定義すべきか明らかではなくなってしまいます。そして、パターナリズムや消費者の自由を制限する余地すら発生してしまうのです。自分の選択を後悔しない古典的な意味での合理的な消費者にとっては、選択肢が多いことは望ましいことです。しかし、明日後悔するような方向で今日行動する消費者にとっては、選択肢の多さは罠の多さでもあるのです。

8.3.7 「効用」は何を測るか

「効用」の意味は第10章で議論します。ここでは、日々の経済討論や政治討論において第一厚生定理がどのような意味を持つのかと言えば、効用と幸福度を自動的に等式で結んではならない、という点にある、ということにのみ言及しておきましょう。したがって、消費者の選好関係に関してパレート最適性を達成することは必ずしも私たちが望んでいる意味において最適性を達成することではないのです。

8.3.8　パレート最適性の限界

最後にパレート最適性は限定的な概念であって、とくに平等については何も言及していないということを思い出しておきましょう。厚生経済学はこれに対して、第二厚生定理という部分的な回答だけを持っています。この定理は（選好と技術の凸性を含む）一定の仮定の下で全てのパレート最適な配分は、生産と取引が始まる前に適切な移転を行うことで達成できるという命題です。すなわち、あるパレート最適な配分を所与として、初期保有を変えることで選好と技術を変えないまま、修正された経済において当該配分を均衡にすることができるわけです。このような移転は**一括移転**と呼ばれ、経済活動とは独立になされるとされます。所得や消費への税と異なり、一括移転はインセンティブを変化させません。なぜなら、渡すにせよ受け取るにせよ移転量が経済的な意思決定の影響を受けないからです。

第二厚生定理の考えは次のように表現することもできます。すなわち、もしある人が不平等を気にかけるのであれば、パレート最適性を犠牲にすることなく、一括移転によってこの問題を解決することができる、ということです。平等は、自由市場の動きを妨げることなく、初期の資源の再配分だけで達成されることになります。問題は妥当と思われる一括移転の例が現実にはないことです。例えば、人々の間で財の移転を名前によって決めるのは公平には思えないですし、不平等の問題を解決することもできないでしょう。それに対して、もし金持ちから貧乏人へ資源を移転するとしたら、人々はやがてそれに気づき、その移転は所得税と同様の効果を持つようになってしまいます。結果的に第二厚生定理の実践上の価値は限定されているのです。

8.4　実 例

自由市場の功罪に関する議論は非常に盛んです。第一厚生定理はおそらく、経済学で最も強力な結果です。それはまた、最も過大解釈されたり、誤解されたりする言明でもあります。だからこそ、多くの限定句を付しておく価値があるでしょう。同時に、第一厚生定理の基本的な論理を理解するのは重要です。たとえ私たちが経済全体に自動的にその結論を当てはめるのでなくても、それは資源を効率的に配分する手助けをする洞察に満ちています。次の例を考えてみましょう。

学生が大学で講義を選択するとします。教室の大きさは限られており、学生は第１志望を選択できるとは限りません。どのように学生を講義に配分するべきでしょうか。もしランダムに割り当てるとすると、パレート最適な配分を得る可能性は非常に小さくなります。例えば、ある学生を午前に、別の学生を同じ講義の夕刻のセッションに割り当てたとしましょう。でも、彼らはできることなら交換したいと考えているかもしれません。パレート改善がなされる取引を見つけるには学生をマッチさせ、両者をより満足させる再配分があるか否かを探らなくてはなりません。２人の学生をマッチさせる過程は極めて長々としたものになるでしょう。さらに悪いことに、２人の間ではうまくいかず、３人の間の交換で初めて学生たちを満足させることができるような場合もあるかもしれません。もっと多くの学生を交えた大掛かりな学生の部分集合でのマッチを考えるなら、状況はさらに複雑になるでしょう。

第一厚生定理は解決策を提示してくれています。各学生に100点分の予算を渡すのです。そのうえで、講義の価格を表示し、講義に登録する権利をその点数で買わせるのです。表示された価格を用いて学生はお互いに取引することができるとします。市場管理者は各価格の下での各講義の需給に基づき表示価格を調整します。そして、均衡に辿り着いたら、それがパレート最適であることがわかります。

多くの大学は競売制度を取り入れて、点数が講義登録のビッドとして使われるような形で講義の配分を決めています。競売制度はパレート最適な配分をもたらすとは限らないものの、比較的短い時間で遂行可能であるという利点を持っています。

点数での取引に代わるもう一つの制度は早い者勝ちの制度です。この制度は消費者が時間経過にしたがって支払っていくような市場制度と見なすこともできます。最初に到着した学生は好きな講義を全て選んで市場から立ち去ります。次の学生も講義を選んで立ち去り……。このような制度はパレート最適な配分をもたらしますが、平等とは言い難いものになります。実際、学生がシングル・ペアレントであったとしたら、子どものいない学生のように早々と列に並ぶことはできないかもしれません。このように、時間に余裕のない学生は時間に余裕のある学生に比べて、より少ない選択肢しか持つことができないでしょう。

点数制を用いて競争均衡を探ることはパレート最適な配分を達成するだけでなく、全員の初期保有点数を等しくするという意味で平等主義的な配分をも達成できるでしょう。この例では第一厚生定理を妨げるほとんどの制約は意味をなさないと思われます。どの学生も十分な市場支配力を持たず、非対称情報もなく、等々。結果的に、市場制度はこの場合非常に魅力的なものとなるのです。

この例は理論＝パラダイムの二重性の例でもあります。第一厚生定理は経済全体の現実の市場に関する理論としては問題が多いものです。しかし、他の文脈で用いられる場合には強力な洞察をもたらしてくれるのです。

IV

合理性と感情

Chapter 9

感情の進化論的説明

合理性は多くの場合、感情とは正反対のものと見なされます。感情はしばしば私たちを支配するうまく説明できない力であり、理性は私たちが感情を制御するのを助ける冷静な計算機だと考えられています。

この記述にはいくぶんかの真実が含まれています。帰宅して、自分の妻が他の男とベッドインしているのを発見し、銃を取り出して２人を殺害し、無期懲役となった男について考えてみましょう。この男はもしかしたら自分の選択を後悔し、「理性を失って」「感情に流された」と言うかもしれません。実際、これは「衝動犯」に分類される類のものです。疑いなく、この男はもう少しましな考えができたでしょう。引き金を引くかわりに、肩をすくめて新しい相手を探しにバーに行ったほうがましだったでしょう。

しかし、全ての衝動的な行動がこのようなものであるとは限りません。反対に、多くの感情は、進化論的観点からは意味のある効用の決定要因であり得ます。例えば、人々は自分の子どもを愛します。これは自分の取り分を犠牲にしてでも子どもの取り分が多くなるように振る舞うという行為に表れています。これは効用の決定要因が物理的欲求のみであると信じている人には合理的には見えないでしょう。しかし、愛する者の物理的欲求を効用関数に組み入れるならば、これは意味のあるものになります。さらに、愛を反映した効用が進化的過程で

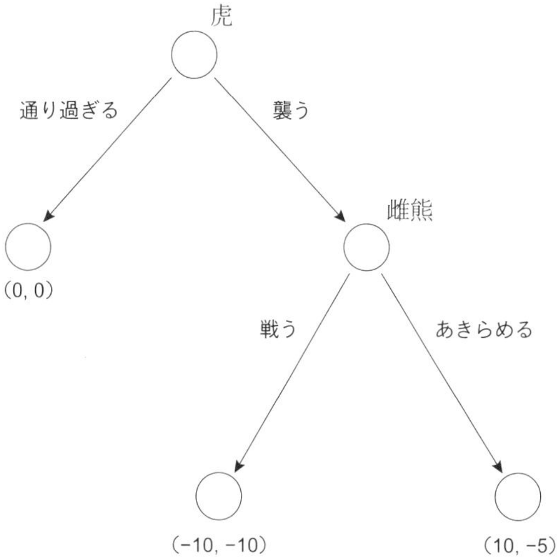

図 9.1

発展してきたということも簡単にわかるでしょう。仮に 2 つの種が他は同じで、子孫に対する愛情のみが異なっていたとしましょう。そうすると、利己的な両親からなる種のほうが子どもたちをケアする両親からなる種に比べ、1 対当たりの成人になる個体数が少なくなるでしょう。このとき焦点になるのは、子どもの命を助けるために自分の命を犠牲にすることが親にとって意味のあることかどうかです。進化的な計算は厳密なモデルに依存したものになるでしょう。しかし、自分の物質的欲求を少しだけあきらめて子どもに与えることが進化的には意味のあるものであることには疑いの余地はないでしょう。

怒りのような感情も進化的な観点から説明することができるでしょう。図 9.1にあるような虎と雌熊の間の展開形ゲームを考えてみましょう。雌熊が子熊を残して食べ物を探しに行きます。虎が通りかかってにおいを嗅ぎつけ、子熊を襲うかどうかを決めるとします。虎が通り過ぎれば何事も起こらず、そのときの利得を（0, 0）に基準化しておきます。このうち前者（左側）が虎、後者（右側）が雌熊の利得です。もし虎が子熊を襲った場合には、そこで子熊を食べることになります。簡単化のために、虎は子熊を全て食い殺し、食べている最中に雌熊が戻ってくるとしましょう。雌熊は虎と戦うか戦わないかという選択肢を持っています。もし、戦うなら、両者とも傷つき、利得は（−10, −10）になるとしましょう。一方、雌熊が戦わずにあきらめるならば、虎は食事にありつき、雌熊は子熊を失うものの傷つかずにすみます。このときの利得を（10, −5）としておきます。

このゲームには2つの純粋戦略のナッシュ均衡があります。一つは虎が襲い、雌熊が「過ぎたことは仕方ない」とつぶやいて立ち去る（妥協）というものです。この場合には利得は（10, −5）になります。これは虎にとっては最高の結果であり、襲うという選択は妥協という雌熊の選択に対する最適反応となります。雌熊に関して言えば、子熊を失うだけに留めたほうが（−5）子熊を失ってかつ自分も傷つくよりも（−10）ましということになります。したがって、妥協が襲うという選択に対する最適反応になります。もう一つの均衡は、子熊が襲われると雌熊は報復するというものです。この選択を所与とすると、虎の最適反応は餌をあきらめるというものになります。雌熊の報復という脅しは虎のあきらめるという選択に対する最適反応となりますが、それはその脅しが均衡上では実際に実行に移されることがないからにすぎません。実際、最初の均衡は部分ゲーム完全均衡ですが、第2の均衡はそうではありません。このゲームは7.7節で取り上げた手榴弾のゲームによく似ています。部分ゲーム完全均衡でない均衡は進化論的にはあまりもっともらしい均衡とはなりません。もし、あるきっかけで虎が誤って子熊を襲ってしまったとすると、雌熊が合理的ならば信憑性のない脅しを実行に移すことはないでしょう。その虎は報復という脅しが空脅しにすぎなかったことを学ぶのです。

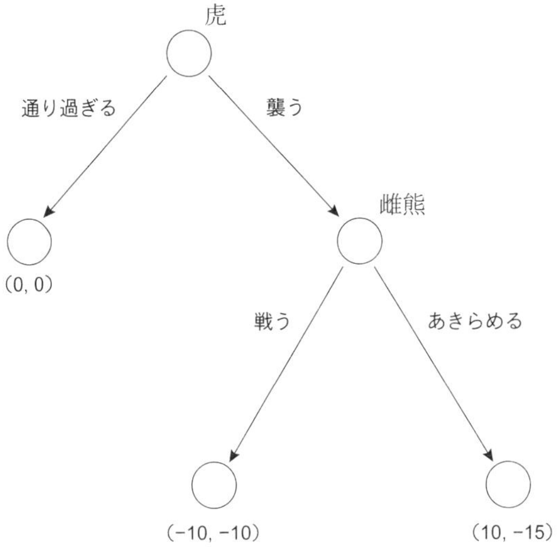

図 9.2

さて、ここで雌熊に怒りという感情を植え付けてみます。子熊が死んでいるのを見て、怒りにとらわれた雌熊は虎に報復することしか頭になくなってしまいます。この状況は −5 という利得を −15 に変更することに対応しています。こうなると、あきらめるという選択肢は報復よりも悪い選択肢になります。効用が行動を記述するという考えを思い出しましょう。−15 ＜ −10 という不等式は雌熊が報復を選択するという状況を記述しているのです。新しいゲームを図 9.2に記しておきます。

この新しいゲームを分析すると、7.7 節の拳銃のゲームに似ていることがわかるでしょう。このゲームには唯一の純粋戦略のナッシュ均衡があります。この均衡は部分ゲーム完全均衡であり、バックワード・インダクションの解にもなっています。この場合、雌熊の報復は信憑性のあるものとなるのです。それを前提とすれば、虎は通り過ぎることを選ぶでしょう。

このように怒りは雌熊の脅しを信憑性のあるものにすることができます。怒りという感情を有する熊は種としてはときどき子熊を失い、かつ報復して傷つくことがあるかもしれません。しかし、そのことで熊は報復するということを肌で学んだ虎は、子熊を襲うことをためらうようになるでしょう。その結果、このような熊の種ではより多くの子熊が成熊になるでしょう。進化はこの種にとって好都合なものになり、怒りの感情が湧くように仕向けていくことでしょう。

この話にはまだ続きがあります。もしかすると、ある特定の雌熊が他の雌熊の態度にただ乗りをすることを防ぐことはできるのか、といった疑問が生じるかもしれません。この疑問を考えるためにはさらに分析を進める必要があります。しかし、基本的な論点は生きています。それは感情は適応度を高めるために利得を変えることができるという点です。

脳科学は感情的な反応が合理的な意思決定と関連しているということを発見してきました。アントニオ・ダマシオとジョセフ・ルドゥといった脳科学者は脳を分析した結果、感情は合理的意思決定に必要なものであることを指摘しました[★1]。純粋に理論的な観点からすると、推論能力だけでは合理的選択はできないことがわかります。数学の問題を解くためには純粋な推論だけで十分かもしれませんが、好き嫌いがなければ、何をすればよいか判断することはできないでしょう。感情的反応、気持ち、情緒といったものは欲しいものや望ましいものが何かを定義する際に必要でしょう。ゲームのモデルをあなたが私に見せたとします。もしかしたら私は非常に賢くてそのゲームの全ての均衡を見つけることができるかもしれません。でも、どれほど賢くてもどの効用関数を最大化すべきかを知らないとしたら、私は選択をすることはできないのです。

かなりの程度、合理性は感情と整合的なものであると結論づけられるでしょう。さらに、合理性は感情を理解する助けにもなるし、その逆も真です。進化論的な見地から言えば、感情的反応をすることはしばしば合理的なものになります。他方、感情的反応は合理的選択を定義する際に必要なものなのです。

Chapter 10

効用と幸福度

10.1 お金イコール幸せではない

効用という概念を幸福度や幸せ感といった概念と同一視する考え方は自然なものです。これこそ効用が測るべきものであるという議論もあり得ます。しかし、これまでに述べたことからは、そのような結論は導かれません。

効用は私たちの使用法によって定義されました。確実な状況の下での選択においては、効用最大化は十分に整合的な行動をする個人によってなされた選択を記述するものでした。リスクや（主観的確率を伴う）不確実性下の選択においては、期待効用最大化が同様の役割を果たしました。行動を記述するために用いられた関数は予測にも用いることが可能であり、その関数が効用関数と名付けられました。

人々を幸せにしたり、満足させたりするものは、選択による効用の測定ではわからない様々な要因と絡み合っていることは明らかです。ある人が満足しているか否かは可能な選択肢のみではなく、志、予想、参照点といったものにも左右されます。これらの基準は文化や個人が住んでいる社会、自分の過去などによって左右されます。

人々が自己申告する（主観的な）幸福度と所得との間には弱い相関しかないという数多くの証拠があります。（1970年代に始まった）リチャード・イースタリンの有名な研究では、所得の増加は申告された幸福度に対してほとんど影響がなかったという報告がなされました[★1]。所得と幸福度との間の相関は、同一世代内でのほうが、世代間での相関よりもかなり高くなっています。これはしばしばアスピレーション・レベル〔希求水準〕の調整の効果と解釈されます。申告される幸福度が所得とアスピレーション・レベルとの差であるとしてみましょう。歳をとるにつれて、人は金持ちになるかもしれませんが、アスピレーション・レベルも同様に変化するかもしれません。つまり、所得とアスピレーション・レベルとの差は増加するとは限りません。つまり、両者の差が増加する必然性はないのです。それに対して、ある世代において他の人がうまくやっているのを見ると、彼らは同一の人々を見ることになり、その結果、似たようなアスピレーション・レベルを持つようになります。このことは、一つの世代に着目すると、より高い所得がよりよい「生き方」につながることを示しています。まとめるとこれらの研究からは、主観的な幸福度というものが、富だけではなく、アスピレーション・レベルにも依存していることがわかります。

アスピレーション・レベルが所得という文脈の中で語られたように、基準となる参照点という考え方は別な形で心理学の中で語られています[★2]。ハリー・ヘルソンは1940年代以降、適応レベル理論を発展させました[★3]。この理論では、様々な刺激の知覚の度合いを、経験の結果得られた刺激水準との差によって測ります。例えば、暗闇に行くと、瞳孔はその暗さに慣れるまでしばらくのあいだ拡大します。厨房に入ると、はじめは料理のにおいがしますが、しばらくするとにおわなくなってしまいます。私たちの精神は、刺激の絶対的な水準というよりは、その変化に反応しがちなのです。変化は新しい情報でもあるので、それに反応するのは意味のあることです。

ヘルソンの適応レベル理論は幸福度という考えにも応用されまし

た。人々は知覚刺激に適応するように、人生の環境に適応すると主張されてきました。1970年代のブリックマン、コーツ、ヤノフ＝ブルマンによる有名な研究は、宝くじが当たった人々の申告された幸福度と事故で障害を負った人々のそれとを計測しています★4。結果はそれらの出来事の直後、申告される幸福度が変化し、予想通り、しばらく経った後には元のレベルに戻ってしまうというものでした。

これらの報告を元に、厚生という概念を再考することもあり得るでしょう。もし人々が新しい環境にどの道適応してしまうとしたら、物質的な幸福を追求することにどのような意味があるのでしょうか。もしお金持ちが貧しい人よりもとくに幸せというわけではないとしたら、国家や経済の成功を国内総生産（GDP）で測ることの意味はどこにあるのでしょうか。社会経済政策を採るときにGDPを参照しながら行うことは賢いことなのでしょうか。より具体的には、私たちはアメリカ合衆国を成功した経済のモデルと見なすべきなのでしょうか。それとも人々がより多くの余暇時間を持ち、所得よりも社会的関係を重視するような開発途上国を好むべきなのでしょうか。

10.2 限 定

幸福はお金では買えないという基本的事実は明白です。それは物語や寓話、説法や映画といったものの中に散見されます。しかし、主観的な幸福度に関する文献の報告をどう解釈し、それに照らして社会経済政策をどう変えるべきかということになると、必ずしも明白ではなくなってしまいます。

10.2.1 質問票の妥当性

所得と幸福度との間に弱い相関しかないという報告に照らして、経済学者は効用の意味をしばしば選択の予測に求めます（「顕示選好」パラダイム)。そして1日が終わった後で、あなたはもっとほしいですか、それとももっと少なくてもいいですか、と尋ねるのです。とくにブリックマン、コーツ、ヤノフ＝ブルマンの報告には疑いの目が向けられます。私たちは障害者と宝くじの当選者の申告された幸福度がしばらく経つと同程度になるという事実は受け入れるかもしれません。しかし経済学者はしばしば、宝くじに当たることと障害を負うことの間で選択が可能ならば、だれにとっても両者は無差別な選択とはほど遠いだろう、という点を指摘します。この観点からすると、上述したような問題にもかかわらず、効用関数を選択を記述するものとして用いることは、たとえ幸福度の尺度として解釈されたとしても、質問票に答えることよりも意味のあることなのです。

この見方は心理学の文献における幸福度の主観的測定に対する批判によって支持されています。二つの有名な例がポイントを読み解いています。最初の例では[★5]、学生が同じ質問票で次のように聞かれます。「あなたは人生にどの程度満足していますか」と「あなたは先月何回デートに行きましたか」というものです。これら二つの質問がこの順番で問われると、回答間の相関はそれほど高くありません。ここから恋人の有無は幸福度にあまり大きな影響を及ぼさないと結論づけたくなるかもしれません。しかし、この二つの質問の順番を入れ替えたところ、相関は劇的に高まったといいます。この場合、逆の結論が得られることになってしまいます。これらのことからわかるように、幸福度に関する自己申告は暮らしの特定の側面に注意を惹きつけることによって操作することができるのです。注意したいのは、デートの回数は事実に関する質問なので、操作しづらいという点です。それに対して、幸福度に関する主観的な判断はその場の空気に左右されるため、暮らしの特定の側面に注意を惹きつけることによって簡単に変わってしまうのです。

二つ目の有名な例は、様々な町で午前中に行われた電話による調査に関するものです[★6]。まず、自分の人生にどの程度満足しているかを訊きました。すると回答は、その朝その町での天気と大きな相関があったのです。この発見は起きたときに空がどんよりと曇っていると幸福度に対して負の効果がある一方、空が明るいと一般的に気持ちも明るくなることを示しています。次に同様の調査が行われましたが、今度は回答者はまず自分の町の天気を答えることを求められました。すると興味深いことに、天気と幸福度に関する自己申告との相関は有意に下がったのです。すなわち、人々は天気のことに思い至ると、その効果を「差し引く」ことができたようなのです。

最初の例は、自己申告によって測られた主観的な幸福度は極めて操作されやすいということを示しています。第2の例は、人々は一時的な効果が具体的に示されることによって、その効果を除去する知性を持ち合わせていることを示しています。しかし、どちらの例も自己申告は本質的とは思えないような様々な要因に左右されてしまい、かなり異なる結果を招来することを示しています。もし、これらの質問に対する回答がたやすく左右されてしまうものだとしたら、社会経済政策をそのようなものに依拠させることが望ましいか否かは明らかではないでしょう。

ダニエル・カーネマンは主観的な自己申告や所得よりもよい幸福度の尺度をもたらすようなプロジェクトを始めました[★7]。それは1日再現法（Day Reconstruction Method）と呼ばれるものです。その方法では、1日を再現するよう求められ、それを通じて彼らの幸福度が活動の総体として測られます。これらの活動はその楽しさに応じて別個に査定されます。

主観的な幸福度と1日再現法はともに日常会話や大衆文化に出てくる幸せの観念を体現しようとしているわけではありません。例えば、子どものいない人々と子どもがいる人々の主観的な幸福度は子どもが小さいうちは前者のほうが高いのですが、子どもが大人になるとだいたい同程度になるという報告がされています[★8]。つまり、子どもがいない人々のほうがより幸せなのでしょうか。これは明らかではありません。小さい子どもがいる親はストレスがたまっていて、日々時間と家計のやりくりをしているために申告された幸福度は子どものいない人々よりも低いかもしれません。1日再現法でも同様の結果が出るでしょう。子どものいない大人と比して、親は眠れぬ夜を過ごしたり医者に行く頻度も高まるし、夜のエンターテインメントも少なくなってしまうでしょう。しかし同時にこの親は、子どもは幸せと歓びを人生にもたらしてくれる、と言うでしょう。これらのことは既存の尺度では測ることができないものの、幸せや幸福度の重要な決定要因のように思われます。実際、これらのことが人々の選択に影響を与えるようでもあります。

同様に、人々は「自分の人生に意味を与えてくれたり」「幸せにしてくれたり」「生きるに値する人生にしてくれた」ような様々な達成感に思いを馳せます。これらの達成感はオリンピックでのメダル獲得や芸術作品の創造から、正しい生活を送ったり、国に奉仕することまで多岐にわたります。既存の幸福度の尺度はこれらの要因をうまく反映できていないように思われます。しかし、これらの要因は人々の幸福度や自身の選択、他人への推薦などに影響を及ぼすのです。

10.2.2　他人をヘドニック・トレッドミルから追い落としてはならない

適応レベル理論に基づいて、フィリップ・ブリックマンとドナルド・キャンベルは1970年代に、「ヘドニック・トレッドミル（幸福の回り車）から降りない限りは」「幸せの問題に真の解決策はない」と述べました[★9]。彼らの見解では、物質的な達成を通じた幸せの追求はトレッドミル（回り車）の上を走り続けるネズミのようなものです。速く走れば走るほど落ちやすくなります。上へ上ることができない動物とちょうど同じように、より大きな物質的な成功を追求する人は、成功とともに達成目標も上がってしまうため幸せを得ることができないのです。

「ヘドニック・トレッドミル」は強力な隠喩です。多くの人は哲学者や宗教家による昔ながらの教えであるブリックマンとキャンベルの忠告に従おうと決めるかもしれません。しかし、この忠告をなすという行為それ自体が倫理的な問題を提起します。私は自分自身ヘドニック・トレッドミルから降りることを決心するかもしれません。しかし、私があなたに同様の忠告をする権利があるのでしょうか。さらに言えば、あなただけが私の忠告を聞いて、あなたの周りの人が耳を貸さなかったとしたらどうでしょうか。あなたは周りの人々よりも貧しくなり、ある種の妬みを感じざるを得ないでしょう。みんなが物質的幸福の追求を止めるのなら全員の状況が改善するかもしれません。しかし、周りの人の物質的幸福度が一定ならば、自分の幸福度は少しだけ余分にモノを持つことで増加するでしょう。これは囚人のジレンマの状況に似ています。物質的幸福を追い求める競争に全員が加わらない状態が協力状態であり、競争状態をパレート支配するものの、競争することは支配戦略となっています。最後に、人々が物質的幸福の追求を止めるべきだという忠告はモラルハザードの問題を引き起こします。そうやって他人に物質的幸福の追求を止めさせて自分だけ金持ちで幸せになろうとしているのではないか、という問題です。

10.2.3　人々は全てのものに対して適応するわけではない

適応レベル理論は刺激のレベルに人々が適応すると述べます。ダニエル・カーネマンらによって強調されている重要な点は人々が適応しないようなものもあるということです。食事を与えられなければ、人々はそのような不幸な環境に適応できず死んでしまいます。したがって、一般的に人々は環境に適応できるので物質的な幸福度のことを心配する必要はない、と仮定するのは誤りなのです。

さらに、物質的な幸福度やGDPのような測定可能な指標はより高い厚生を可能にします。GDPの高い国は飢饉や疫病に対してより効果的に対処できるし、よりよい医療を提供できるし、乳児死亡率も減らすことができます。このことは福祉政策があれば、物質的幸福は低所得者に対するより高い主観的な幸福度に変換することができるということを示唆しています。この見解によれば、経済成長はお金持ちの幸福を最大化するのではなく、貧困者の不幸を最小化することができるということになります。

結論的には、私たちは幸せを測ることができるまともな尺度は持ち合わせていないように思われます。さらに、「見ればわかる」という状態からもほど遠いありさまです。でも反対に、私たちは何が不幸なことかに関してはよりよい考えを持っています。一つの可能な結論は、ジョン・ロールズの立場に立てば、社会政策は幸せの最大化ではなく、不幸の最小化に焦点を当てるべきということになります。

結　語

合理的選択パラダイムは世の中の見方を提供してくれるものです。しかし、だからと言って、様々な具体的な問いに解答を与えてくれるものではありません。本書を通じて、私たちは社会科学で生じ、哲学的な連綿と続く問いにつながっていくような問いに出会ってきました。確率の意味から幸せの意味まで、合理性の観念から正義の本質まで、多岐にわたる問いは哲学の領域に属しますが、社会科学でもより実践的な姿に形を変えて私たちの前に立ち現れます。

これらの哲学的な問いのほとんどには客観的ないし科学的な答えがありません。それに対応して、多くの社会科学における実践的な問題は科学的分析だけでは解決できず、それゆえに専門家に委ねることができないのです。むしろ、これらの問題は一人ひとりの個人みんなが取り組むべきものなのです。合理的選択パラダイムはこういった問題を考える際の強力な助けとなることを筆者は信じてやみません。

訳者あとがき

私（訳者）が行った選択で誇りに思っていることが一つあります。それは、ノースウエスタン大学ケロッグ・ビジネススクールのM.E.D.S.★1という学科の博士課程の学生時代に自分より年下の指導教官を選んだことです。その指導教官の名前はイツァーク・ギルボア。本書（Itzhak Gilboa, *Rational Choice*, MIT Press, 2010）の著者です。

飛び級を重ね、兵役（イスラエル人なので兵役がある）中に博士論文を書きあげてしまったという天才は23歳の若さでM.E.D.S.に助教授として着任しました。意思決定理論の専門家として、デヴィッド・シュマイドラーと共同で提唱、分析したマクシミン期待効用理論や事例ベース意思決定理論はとくに有名です。

シュマイドラー教授はノーベル経済学賞を受賞したロバート・オーマン教授の直弟子で、ギルボア先生の指導教官でもあります。そのシュマイドラー教授が友人で私の日本での指導教官である奥野正寛先生に向かって、ギルボア先生を激賞したことがあると聞きました。「ギルボアという優秀な学生を見出したことで私は十分満足している」。私が奥野先生にギルボア先生を指導教官に選んだことを報告したときに「ああ」と言って話してくださった逸話です。

ギルボア先生は意思決定理論の専門家と見なされがちですが、その著作を見ると、それだけにはとどまらない広がりと深みをたたえています。これは私だけでなく、彼の学生は一様に感じることのようです。あるカンファレンスでワインを片手に談笑していたとき、エンリケッタ・アラゴネスという彼の元学生が「自分の専門をどう規定しますか」と尋ねたことがあります。ギルボア先生からは「数理哲学者」という答えが返ってきました。

本書ではその哲学者としての側面の一端が垣間見られます。ページをめくっていただければわかるように数式はほとんど登場しません。それでもなお、合理的な選択とは何か、という意思決定理論に関する根源的な問いが独特の筆致で読み解かれていくのです。

原書の推薦文でハーヴァード大学のドリュー・フーデンバーグ教授が述べるように、第II部 リスクと不確実性はとくに読みごたえがあります。標準的な期待効用理論から始まり、その限界を論じ、ついで確率とは何かという問いに入っていきます。

本書を類書から際立たせているのが、筆者独自の合理的選択に関する考え方です。経済学では、合理的選択と言えば通常現状を正しく認識し、リスクがあるのであればそれを正しく評価し、そのうえで期待利得を最大化するような行為のことを指します。合理的選択を擁護する主流派の経済学者らにしても、それは現実の人間の選択とは異なると言って批判する心理学者や社会学者、行動主義経済学者たちにしてもこの定義を受け入れることが通例です。

それに対し、著者は「個人的にはより主観的な別の合理性の定義をとりたい」といいます（19ページ）。「この定義によれば、ある行動様式がある人にとって合理的であるとは、この人がたとえ自分の行動を分析されたとしてもその結果を心地よいものと感じ、困惑することがないような場合」を言います。第1章に登場するイソップのキツネやグルーチョ・マルクスと同様の行為をとったことがわかると、「あっ」と思う方もいるかもしれません。自分の行動が「合理的」ではなかったと感じる瞬間です。「でも、もしだれかがこのような行動様式をまったく問題ないと感じると主張するなら、その人を非合理的だと片づけてしまうのではなく、この様式がその人にとっては合理的なのだ、と私は考えたいのです」（20ページ）。

対話は大切ですが、それを通じて相手が気づくならそれもよし、相手が納得づくで説得されないならばそれもまたよし、とするギルボア先生独特の考え方がそこにあります。

M.E.D.S. はビジネススクールの中の一学科なので、要求水準が極めて高いエリートビジネスパーソンの卵に経済学を教えなくてはなりません。ギルボア先生はその M.B.A. の学生たちに意思決定理論を教えていましたが、これがすこぶる評判がよいのです。一度、彼らがやって来てぜひパーティーに参加してほしいとギルボア先生に懇願したことがありました。「先生が都合のいい日にクラス全員が合わせますから」。ギルボア先生は何とか理由をつけて断りましたが、その場に居合わせた私はすごい人気だと舌を巻きました。自分の頭で納得づくで選択していきたいと考えるビジネスパーソンたちになぜあれほど人気があったかということも本書を読むと得心できると思います。

イスラエルのテル・アビブ大学に移ってから若くして学部長も務めました。同僚のエルハナン・ベン・ポラスによると、イスラエルの研究者たちは個性派ぞろいでいつも争いや不満の声が絶えなかったということです。しかし、ギルボア先生が学部長になってからはそのような声も収まったといいます。「すごいだろ。ツァーリ（ギルボア先生のニックネーム）は天才なだけじゃないんだ。あのうるさい連中が一様に満足したんだぜ」。

思えば、ギルボア先生とはいろいろと議論させていただきましたが、決して自分の考えを押し付けようとはしませんでした。私の研究分野が、影響は受けつつも彼の分野とは（専門家の立場からは）大きく異なるのはその辺りにも理由があります。本書の訳出に際して、編集者の中林久志さんのおかげでかなり改善されたものの、彼のそのような個性をうまく表現できたか甚だ心許ないので、ここでとくに触れておく次第です。

2013年 1 月

訳　者

★[1] Managerial Economics and Decision Sciences、経営経済学および意思決定科学。

原注

Chapter 1

1. これは認知不協和の減少に関する現代理論と関連している。次の文献を参照のこと。L. Festinger, *A Theory of Cognitive Dissonance* (Stanford, Calif.: Stanford University Press, 1957)〔邦訳　フェスティンガー『認知的不協和の理論』末永俊郎監訳、誠信書房、1965年〕

Chapter 3

1. 数理モデルへのこのアプローチは経済分析の先駆者の一人であるアルフレッド・マーシャルに遡る。1906年に彼はこう記している。「私はますますルールに従って行動するようになった。(1) 数学を分析のエンジンとしてではなく、手軽な言語として用いる。(2) 結論を出すまでその路線でいく。(3) 英語に翻訳する。(4) 実生活上重要な例を用いて解説する。(5) 数学を燃やしてしまう。(6) (4) に失敗したら (3) も燃やしてしまう。この最後のステップはしばしば行う羽目になった」――以下からの引用。S. Brue, *The Evolution of Economic Thought*, 5th ed. (Fort Worth, Tex.: Dryden Press, 1993), 294.

Chapter 4

1. J. von Neumann and O. Morgenstern, *Theory of Games and Economic Behavior* (Princeton, N.J.: Princeton University Press, 1944)〔邦訳　フォン・ノイマン & モルゲンシュテルン『ゲームの理論と経済行動』銀林浩ほか監訳・阿部修一ほか訳、ちくま学芸文庫、2009年〕
2. 明らかにブラックジャックというゲームは例外である。もしゲーム中にどのカードが出たかを覚えておけば、正の期待利得が得られるような戦略を立てることができる。
3. D. Kahneman and A. Tversky, "Prospect Theory: An Analysis of Decision under Risk," *Econometrica* 47 (1979): 263-291.
4. 元々のプロスペクト理論の定式化は、vNM 理論同様、確率が与えられていると仮定した下でのリスクの文脈で語られる。確率が明示的に与えられないような問題は後に議論する。

Chapter 5

1. トヴェルスキーとカーネマンは人々がこれらの単純なルールに従わないような洞察に満ちた例を提供している。以下を参照。A. Tversky and D. Kahneman, "Extensional vs. Intuitive Reasoning: The Conjunction Fallacy in Probability Judg-

ment," *Psychological Review* 90 (1983): 293–315.

2. B. de Finetti, "La prévision: ses lois logiques, ses sources subjectives," *Annales de l'Institut Henri Poincaré* 7 (1937): 1–68; L. J. Savage, *The Foundations of Statistics*, 2d rev. ed. (New York: Dover Publications, 1972).
3. D. Schmeidler, "Subjective Probability and Expected Utility without Additivity," *Econometrica* 57 (1989): 571–587; I. Gilboa and D. Schmeidler, "Maxmin Expected Utility with a Non-Unique Prior," *Journal of Mathematical Economics* 18 (1989): 141–153.
4. D. Kahneman and A. Tversky, "On the Psychology of Prediction," *Psychological Review* 80 (1973): 237–251.
5. すくなくとも、これがよく語られる話ではある。詳細については以下を参照。P. Squire, "Why the 1936 Literary Digest Poll Failed," *Public Opinion Quarterly* 52 (1988): 125–133.

Chapter 6

1. J. C. Harsanyi, "Cardinal Utility in Welfare Economics and in the Theory of Risk-Taking," *Journal of Political Economy* 61 (1953): 434–435; J. C. Harsanyi, "Cardinal Welfare, Individualistic Ethics, and Interpersonal Comparisons of Utility," *Journal of Political Economy* 63 (1955): 309–321; J. Rawls, *A Theory of Justice* (Cambridge, Mass.: Harvard University Press, 1971)〔邦訳　ロールズ『正義論』川本隆史ほか訳、紀伊國屋書店、2010年〕
2. K. J. Arrow, "A Difficulty in the Concept of Social Welfare," *Journal of Political Economy* 58 (1950): 328–346.
3. 他の公理を前提とすると、この条件はスコアリング・ルールを特徴づけるものとなる。以下を参照。H. P. Young, "Social Choice Scoring Functions," *SIAM Journal of Applied Mathematics* 28 (1975): 824–838; R. B. Myerson, "Axiomatic Derivation of Scoring Rules without the Ordering Assumption," *Social Choice and Welfare* 12 (1995): 59–74; I. Gilboa and D. Schmeidler, "Inductive Reasoning: An Axiomatic Approach," *Econometrica* 71 (2003): 1–26.
4. S. Brams and P. Fishburn, "Approval Voting," *American Political Science Review* 72 (1978): 831–847; R. J. Weber, "Approval Voting," *The Journal of Economic Perspectives* 9 (1995): 39–49.
5. A. Gibbard, "Manipulation of Voting Schemes: A General Result," *Econometrica* 41 (1973): 587–601; M. A. Satterthwaite, "Strategy-Proofness and Arrow's Conditions: Existence and Correspondence Theorems for Voting Procedures and Social Welfare Functions," *Journal of Economic Theory* 10 (1975): 187–217.
6. P. モンジャンが国際功利主義学会（ISUS、ニューオリンズ、1997）で発表した「疑似全会一致とパレート原則」という論文を参照のこと。この例は次の文献から採られた。I. Gilboa, D. Samet, and D. Schmeidler "Utilitarian Aggregation of Beliefs and Tastes," *Journal of Political Economy* 112 (2004): 932–938.

Chapter 7

1. J. F. Nash, "Non-Cooperative Games," *Annals of Mathematics* 54 (1951): 286–295.
2. 以下を参照。*Immanuel Kant: The Moral Law*, translated with a preface, commentary, and analysis by H. J. Paton (London: Routledge, 1948).
3. D. Bernheim, "Rationalizable Strategic Behavior," *Econometrica* 52 (1984): 1007–1028; D. Pearce, "Rationalizable Strategic Behavior and the Problem of Perfection," *Econometrica* 52 (1984): 1029–1050.
4. J. C. Harsanyi and R. Selten, *A General Theory of Equilibrium Selection in Games* (Cambridge, Mass.: MIT Press, 1988).
5. D. K. Lewis, *Convention: A Philosophical Study* (Cambridge, Mass.: Harvard University Press, 1969)〔邦訳　ルイス『慣習――哲学的考察』中山幹夫訳、翻訳中〕; R. J. Aumann, "Agreeing to Disagree," *Annals of Statistics* 4 (1976): 1236–1239; J. Y. Halpern and Y. Moses, "Knowledge and Common Knowledge in a Distributed Environment," *Annual ACM Symposium on Principles of Distributed Computing* (New York: ACM, 1984), 50–61; R. Fagin, J. Y. Halpern, Y. Moses, and M. Y. Vardi, *Reasoning about Knowledge* (Cambridge, Mass.: MIT Press, 1995).
6. R. Selten, "Spieltheoretische Behandlung eines Oligopolmodells mit Nachftragetragheit," *Zeitschrift für die gesampte Staatswissenschaft* 121 (1965): 667–689; R. Selten, "A Reexamination of the Perfectness Concept for Equilibrium Points in Extensive Games," *International Journal of Game Theory* 4 (1975): 25–55.
7. この言明を正確なものとしようとするのは少し注意を要する作業である。この信念の妥当性は合理性と共有知識の正確な定義に依存する。以下を参照。R. J. Aumann, "Backward Induction and Common Knowledge of Rationality," *Games and Economic Behavior* 8 (1995): 6–19.

Chapter 8

1. G. A. Akerlof, "The Market for 'Lemons': Quality Uncertainty and the Market Mechanism," *Quarterly Journal of Economics* 84 (1970): 488–500〔邦訳　アカロフ『ある理論経済学者のお話の本』幸村千佳良ほか訳、ハーベスト社、1995年に所収〕
2. K. J. Arrow and G. Debreu, "Existence of an Equilibrium for a Competitive Economy," *Econometrica* 22 (1954): 265–290. 一般均衡モデルは通常アロー－ドブリュー・モデルと呼ばれている。ケネス・アローとジェラール・ドブリューは存在定理を提示して証明した最初の研究者である。しかし、モデルそれ自身には先行研究があり、生産のない経済モデルに関しては、すでに19世紀半ばにレオン・ワルラスによって定式化されていた。

Chapter 9

1. A. R. Damasio, *Descartes's Error: Emotion, Reason, and the Human Brain* (New York: Putnam, 1994)〔邦訳　ダマシオ『デカルトの誤り』田中三彦訳、ちくま学芸文

庫、2010年〕; J. LeDoux, *The Emotional Brain* (New York: Simon and Schuster, 1996)〔邦訳　ルドゥー『エモーショナル・ブレイン』松本元ほか訳、東京大学出版会、2003年〕

Chapter 10

1. R. A. Easterlin, "Does Money Buy Happiness?" *Public Interest* 30 (1973): 3-10; R. A. Easterlin, "Does Economic Growth Improve the Human Lot?" in *Economic Growth*, ed. P. A. David and M. W. Reder, 89-125 (New York: Academic Press, 1974); E. Diener, "Subjective Well-Being," *Psychological Bulletin* 95 (1984): 542-575. 以下も参照。R. E. Lucas, P. S. Dyrenforth, and E. Diener, "Four Myths about Subjective Well-Being," *Social and Personality Psychology Compass* 2 (2008): 2001-2015.
2. アスピレーション・レベルの概念はハーバート・サイモンの満足化理論に登場する。この理論ではアスピレーション・レベルはより行動主義的な香りがする。それは幸せや幸福度の尺度ではなく、ある人が「満足」し、それ以上の探索を止めてしまうような達成度の尺度である。以下を参照。H. A. Simon, "A Behavioral Model of Rational Choice," *Quarterly Journal of Economics* 69 (1955): 99-118.
3. H. Helson, "Adaptation-Level as Frame of Reference for Prediction of Psychophysical Data," *American Journal of Psychology* 60 (1947): 1-29; H. Helson, "Adaptation-Level as a Basis for a Quantitative Theory of Frames of Reference," *Psychological Review* 55 (1948): 297-313.
4. P. Brickman, D. Coates, and R. Janoff-Bulman, "Lottery Winners and Accident Victims: Is Happiness Relative?" *Journal of Personality and Social Psychology* 36 (1978): 917-927.
5. F. Strack, L. Martin, and N. Schwarz, "Priming and Communication: Social Determinants of Information Use in Judgments of Life Satisfaction." *European Journal of Social Psychology* 18 (1988): 429-442.
6. N. Schwarz and G. L. Clore, "Mood, Misattribution, and Judgments of Well-Being: Informative and Directive Functions of Affective States," *Journal of Personality and Social Psychology* 45 (1983): 513-523.
7. D. Kahneman, A. B. Krueger, D. A. Schkade, N. Schwarz, and A. A. Stone, "A Survey Method for Characterizing Daily Life Experience: The Day Reconstruction Method," *Science* 306 (2004): 1776-780.
8. S. Mcklanahan and J. Adams, "Parenthood and Psychological Well-Being," *Annual Review of Sociology* 13 (1987): 237-257; D. Umberson and W. R. Gove, "Parenthood and Psychological Well-Being: Theory, Measurement, and Stage in Family Life Course," *Journal of Family Issues* 10 (1989): 440-462.
9. P. Brickman and D. T. Campbell, "Hedonic Relativism and Planning the Good Society," in *Adaptation Level Theory: A Symposium*, ed. M. H. Appley (New York: Academic Press, 1971).

推薦図書

本文中の参照箇所は原注に示しました。通常の注なので、現代の社会科学の世界で始めて示された出典を取り上げていますが、多くの場合、手に入りにくかったり、あつかう範囲が狭かったりしますので、以下にいくつか有名な教科書を挙げます。本書であつかった論点を勉強しはじめる際の良い出発点になるでしょう。以下のリストは完全ではありません。ほかにもたくさんすばらしい教科書があります。

ミクロ経済理論

以下の本では不確実性下での決定、ゲーム理論、社会選択もあつかわれています。＊を付けたのが大学の学部レベルのものです。

Kreps, David, M. 1990. *A Course in Microeconomic Theory*. Princeton, N.J.: Princeton University Press.

MasColell, Andreu, Michael D. Whinston, and Jerry R. Green. 1995. *Microeconomic Theory*. New York: Oxford University Press.

*Pindyck, Robert S., and Daniel L. Rubinfeld. 2008. *Microeconomics*. 7th ed. Upper Saddle River, N.J.: Prentice Hall.

Rubinstein, Ariel. 2006. *Lecture Notes in Microeconomic Theory*. Princeton, N.J.: Princeton University Press.

*Varian, Hal R. 2005. *Intermediate Microeconomics*. 7th ed. New York: W.W. Norton〔邦訳ヴァリアン『入門ミクロ経済学』原著第7版、佐藤隆三監訳、勁草書房、2007年〕

決定理論

*Binmore, Ken. 2009. *Rational Decisions*. Gorman Lectures in Economics. Princeton, N.J.: Princeton University Press.

Gilboa, Itzhak. 2009. *Theory of Decision under Uncertainty*. Econometric Society Monograph Series. New York: Cambridge University Press.

Kreps, David M. 1988. *Notes on the Theory of Choice*. Boulder, Colo.: Westview Press.

Wakker, Peter P. 2010. *Prospect Theory for Risk and Ambiguity*. New York: Cambridge University Press.

ゲーム理論

*Binmore, Ken. 1992. *Fun and Games: A Text on Game Theory*. Lexington, Mass.: D. C. Heath.

Fudenberg, Drew, and Jean Tirole. 1991. *Game Theory*. Cambridge, Mass.: MIT Press.

*Gibbons, Robert. 1992. *Game Theory for Applied Economists*. Princeton, N.J.: Princeton University Press〔邦訳　ギボンズ『応用経済学のためのゲーム理論入門』木村憲二訳、マグロウヒル出版、1994年〕

Myerson, Roger B. 1991. *Game Theory: Analysis of Conflict*. Cambridge, Mass.: Harvard University Press.

Osborne, Martin J., and Ariel Rubinstein. 1994. *A Course in Game Theory*. Cambridge, Mass.: MIT Press.

社会選択論

*Feldman Allan M., and Roberto Serrano. 2006. *Welfare Economics and Social Choice Theory*. 2d ed. New York: Springer〔邦訳　フェルドマン & セラーノ『厚生経済学と社会選択論』原書第２版、飯島大邦・川島康男・福住多一訳、シーエーピー出版、2009年〕

*Gaertner, Wulf. 2006. *Primer in Social Choice Theory*. New York: Oxford University Press.

*Kelly Jerry S. 1988. *Social Choice Theory: An Introduction*. New York: Springer.

Moulin, Herve. 1988. *Axioms of Cooperative Decision Making*. Econometric Society Monograph Series. New York: Cambridge University Press.

索　引

【さ行】

【た行】

著者略歴

（Itzhak Gilboa）

1963年テル・アビブ生まれ．テル・アビブ大学Ph.D.（経済学）．専門は意思決定理論．ノースウエスタン大学ケロッグビジネススクールM.E.D.S.教授などを経て，現在，HEC経営大学院（パリ）経済学・意思決定科学教授，テル・アビブ大学経済学部教授．エコノメトリック・ソサエティ・フェロー．著書『決め方の科学——事例ベース意思決定理論』（シュマイドラーとの共著，勁草書房，2005）『意思決定理論入門』（NTT出版，2012）ほか．

訳者略歴

松井彰彦〈まつい・あきひこ〉1962年東京生まれ．ノースウエスタン大学Ph.D.（M.E.D.S.）．専門はゲーム理論，社会的障害の経済理論．ペンシルバニア大学経済学部助教授などを経て，現在，東京大学経済学研究科教授．エコノメトリック・ソサエティ・フェロー．著書『慣習と規範の経済学』（東洋経済新報社，2002）『高校生からのゲーム理論』（ちくまプリマー新書，2010）ほか．

イツァーク・ギルボア

合理的選択

松井彰彦訳

2013 年 3 月 8 日　第 1 刷発行
2019 年 10 月 1 日　第 5 刷発行

発行所 株式会社 みすず書房
〒113-0033 東京都文京区本郷 2 丁目 20-7
電話 03-3814-0131(営業) 03-3815-9181(編集)
www.msz.co.jp

本文組版 キャップス
本文印刷所 萩原印刷
扉・表紙・カバー印刷所 リヒトプランニング
製本所 誠製本

ISBN 978-4-622-07733-6
[ごうりてきせんたく]